成长股操盘技术入门与实战精解

每位股民都学得会的成长股操盘技术分析入门书

解析在A股市场怎样选择成长股，并通过交易成长股获利

股震子◎著

中国宇航出版社
·北京·

图书在版编目（ＣＩＰ）数据

成长股操盘技术入门与实战精解 / 股震子著. -- 北京 : 中国宇航出版社, 2019.1
ISBN 978-7-5159-1568-5

Ⅰ. ①成… Ⅱ. ①股… Ⅲ. ①股票投资－研究 Ⅳ. ①F830.91

中国版本图书馆CIP数据核字(2018)第284926号

策划编辑 田芳卿
责任编辑 白希国　　**装帧设计** 宇星文化

出版发行 **中国宇航出版社**
社　址 北京市阜成路8号　　**邮　编** 100830
(010)60286808　　(010)68768548
网　址 www.caphbook.com
经　销 新华书店
发行部 (010)60286888　　(010)68371900
(010)60286887　　(010)60286804(传真)
零售店 读者服务部
(010)68371105
承　印 三河市君旺印务有限公司
版　次 2019年1月第1版　　2019年1月第1次印刷
规　格 787×960　　**开　本** 1/16
印　张 13.25　　**字　数** 189千字
书　号 ISBN 978-7-5159-1568-5
定　价 35.00元

本书如有印装质量问题，可与发行部联系调换

寻找最具成长性的股票

（代序）

成长股不仅涵盖已经取得较佳业绩的股票，更包括未来前景看好的股票。选择成长股，其实就是选择那些具备良好成长性，能为投资者带来稳定收益的股票。换句话说，成长股交易的核心就是找到成长股并通过交易获利。

如何才能找到成长股呢？这是很多投资者关注的核心课题。通常情况下，投资者会借助价值分析方法来研判股票的内在价值。本书尝试通过财务分析、行业优势、企业经营和管理团队4个维度来研判股票的内在价值与成长性。

即使有内在价值的股票，也不一定具有很好的投资价值，这里涉及价格与价值的关系问题。当价格远远高于股票的内在价值时，即使股票具有很强的成长性，投资者也不宜执行买入操作。毕竟高昂的价格已经透支股票未来数年的成长，同时企业还可能会发生不确定性事件。在正确的时机买入正确的股票，是成长股投资需要解决的核心问题。

投资成长股与投资其他股票存在明显的区别，买入股票前需要做大量的准备工作，研究标的股票是否具有投资价值，以及当前价格是否处在合理的价格区间。不过，当做出决定并买入股票后，一切都变得简单了，不需要过多关注股价的每日或每周走势。在股价到达目标价格或发生意外事件后，采取紧急处理措施即可。

不过，要想成功进行成长股交易，还需要做好以下3项工作。

第一，合理选择适合自己的分析方法或分析指标。在提供的4个分析维度基础上，本书还给出若干具体指标。投资者可以根据个人偏好选择几种作为自己的基础分析手段，然后再按照这个分析结论制定操作策略。

第二，选择合适的入场时机。优质成长股并不意味着一定具有好的投资机会。由于市场优质成长股极少，因而这些成长股的价格普遍存在高估现象。正因如此，投资者需要珍惜那些因为黑天鹅事件或股灾导致成长股股价暴跌带来的投资机会。

第三，不打无把握之仗。相对其他交易方式，成长股交易更加安全，但这并不意味着交易成长股就可以稳定获利。投资者必须在充分研究股票基本面的前提下，选准合适的入场时机再执行买入操作。本书选择的技术分析指标，就是为了帮助读者更准确地识别成长股的启动与滞涨，其目的在于确保安全的前提下实现获利。

当然，作为一名成长股投资者，做好以上几点还远远不够。成长股投资与中长线投资相似，讲究的是选准股票并长期持有。这就需要投资者设计更加科学、严谨的分析系统，练就更加成熟的心态，培养更加敏锐的洞察力，这些不是任何一本书能直接传授给读者的，大家要通过不断的实践去积累和沉淀。

投资路上注定充满荆棘与坎坷，本书愿与大家一路相随！

目　录 CONTENTS

第一章

为何人人都爱成长股

成长股是股市中受到关注最多的一类股票。对普通投资者来说，投资成长股面临的风险最小，收益却很大。那么，什么样的股票才算是成长股，成长股具有哪些特征，如何成功地投资成长股？这是投资者要考虑的3个最基本问题。

第一节　成长股，可以持续盈利的投资标的

市场上可用来炒作的股票很多，能称为成长股的却很少。下面先来看一下云南白药的股价走势图，如图 1-1 所示。

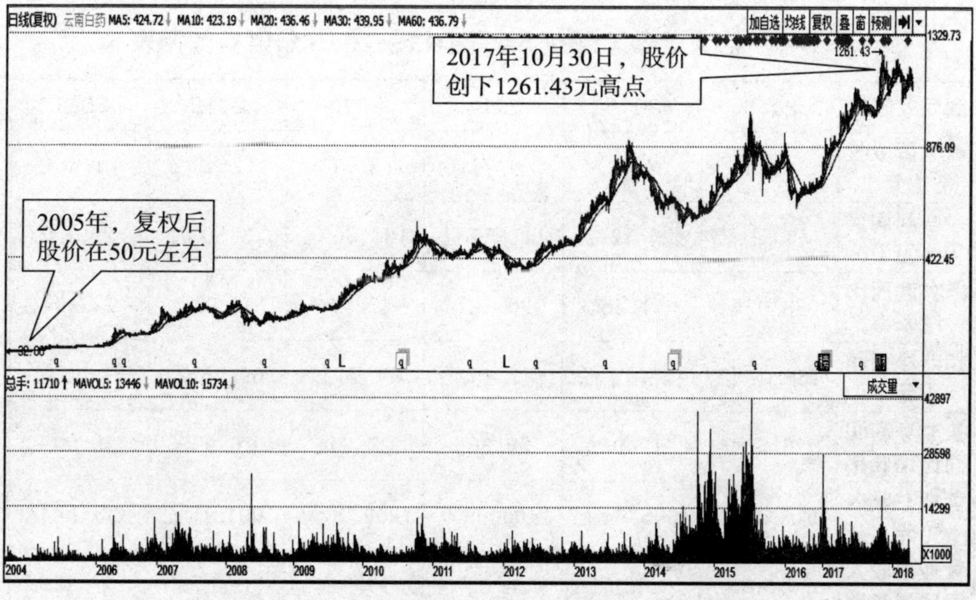

图 1–1　云南白药（000538）日 K 线走势图

图 1-1 为云南白药 2005—2018 年年初的股价走势图。从图中股价走势可以看出，2005 年年初时，复权后云南白药的股价在 50 元左右，而到了 2017 年 10 月 30 日，云南白药的股价创下 1261.43 元的高点。也就是说，云

南白药的股价十几年内翻了25倍多。由此可见，操作这类成长股能带来丰厚的回报。

作为一种可以持续盈利的投资标的，成长股至少需要满足以下3个条件。

一、具有更好的成长性

成长性是甄别成长股与非成长股的关键，也就是说，选择的股票必须具有较佳的成长性。这种成长性需要投资者站在更高的角度来看待：一方面，这类股票必须在过去若干年表现出很强的成长性，比如利润率或营业收入连续多年持续高增长。另一方面，这类股票还必须能确保在未来数年乃至数十年具有较强的成长性。也就是说，这类企业生产的产品较难被替代，或者这类企业自身具备较强的创新与适应能力，能应对未来竞争环境的变化。

下面来看一下格力电器的财务数据，见表1-1。

表1-1　格力电器（000651）2011—2016年财务数据表

科目\年度	2016	2015	2014	2013	2012	2011
基本每股收益（元）	2.56	2.08	4.71	3.61	2.47	1.86
净利润（元）	154.21亿	125.32亿	141.55亿	108.70亿	73.80亿	52.37亿
净利润同比增长率	23.05%	-11.46%	30.22%	47.31%	40.92%	22.48%
扣非净利润（元）	156.01亿	123.14亿	141.45亿	89.08亿	69.95亿	51.06亿
扣非净利润同比增长率	26.69%	-12.95%	58.80%	27.34%	36.99%	26.80%
营业总收入（元）	1101.13亿	1005.64亿	1400.05亿	1200.43亿	1001.10亿	835.17亿
营业总收入同比增长率	9.50%	-28.17%	16.63%	19.91%	19.87%	37.35%
每股净资产（元）	8.95	7.90	14.68	11.50	8.89	6.25
净资产收益率	30.41%	27.31%	35.23%	35.77%	31.38%	34.00%

注：格力电器在2015年7月推出“10股转增10股”的分红方案，因而2015年基本每股收益相比2014年出现大幅减少。

从表 1-1 可以看出，格力电器过去 6 年基本维持较高成长水平。这种成长性也充分体现在该股的股价走势图上，如图 1-2 所示。

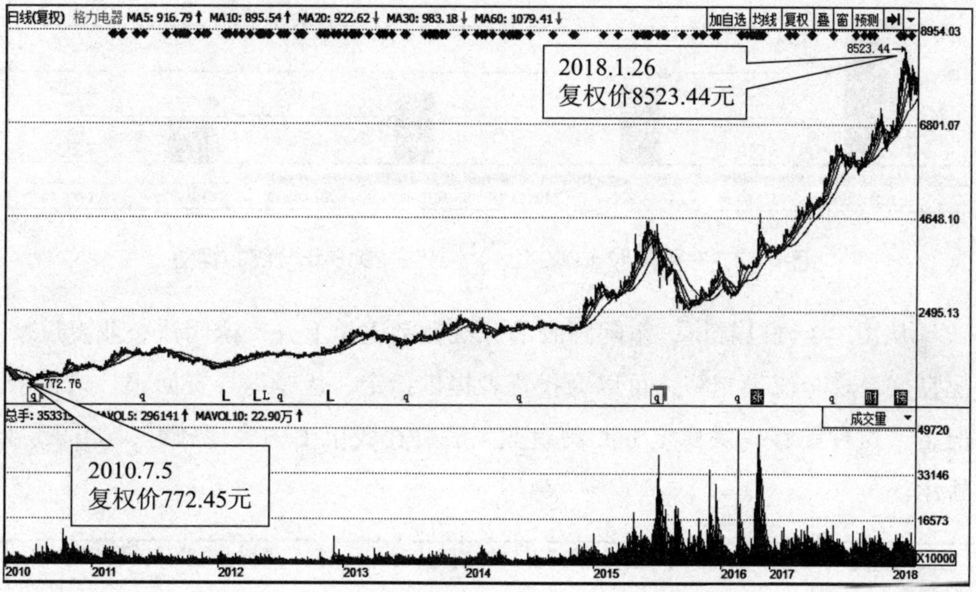

图 1–2　格力电器（000651）日 K 线走势图

从图 1-2 可以看到，格力电器的股价由 2010 年 7 月 5 日的 772.45 元（复权价），一路震荡上涨至 2018 年 1 月 26 日的 8523.44 元（复权价）。不到 8 年的时间里，格力电器的股价上涨 11 倍多。由此可见，成长股的上涨潜力巨大。

对普通投资者来说，识别股票以往的成长性相对比较容易，毕竟有大量的财务数据可供参考，而判断或预测股票未来的成长性则比较困难。其实，这个难点恰恰是投资成长股时最需要认真对待的。对此，本书后面章节会详加论述。

二、能带来稳定的投资回报

一只优秀的成长股不仅有着靓丽的业绩，还能让投资者分享其发展成果，最直接的分享形式是派发股息或红利。高成长的股票必然会派发较高的股息，下面看一下东阿阿胶 2015—2018 年的分红数据图，如图 1-3 所示。

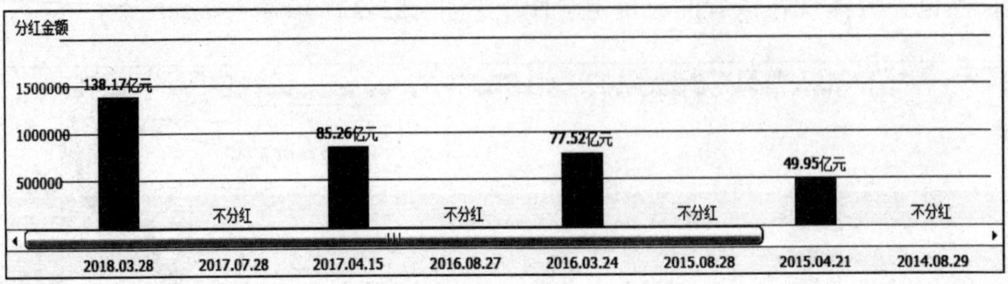

图 1–3　东阿阿胶（000423）2015—2018 年分红数据图

从图 1-3 可以看出，东阿阿胶的分红数额逐年上升，说明该企业发展情况良好，现金流量充裕，可以为投资者提供稳定、优厚的投资回报。通常情况下，这种能够提供稳定分红的企业，股价在股市中的表现较好，如图 1-4 所示。

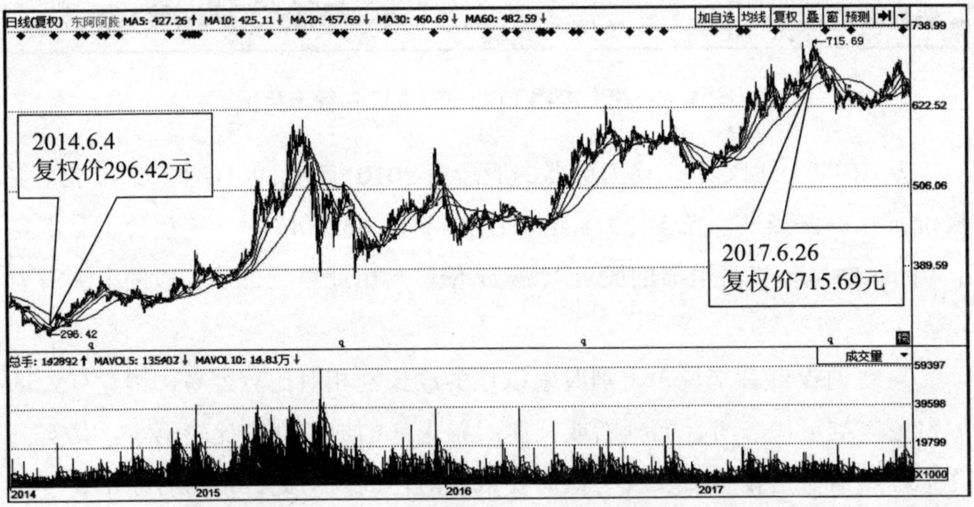

图 1–4　东阿阿胶（000423）日 K 线走势图

从图 1-4 可以看到，东阿阿胶的股价由 2014 年 6 月 4 日的 296.42 元（复权价），一路震荡上涨至 2017 年 6 月 26 日的 715.69 元（复权价）。3 年时间里，东阿阿胶的股价翻了 1 倍还多。由此可见，市场不会亏待这些能够慷慨给股东分红的股票。

观察股票分红记录时，投资者还要做好 3 个方面的分析：其一，每股分红与每股股价的比值；其二，股票历年的分红情况，观察高分红是否具有可持续性；其三，分红与融资、配股情况，也就是说，股票在分红的同时有无进行再融资的记录，等等。这些内容会在后面章节详细介绍。

三、不断创下股价新高

尽管高收益率和高分红能为投资者带来一定的收益，不过，对大多数投资者来说，股价上涨带来的收益才是选股时最看重的，成长股恰恰是能够满足投资者这种需求的标的。当然，并不是说成长股不会下跌，而是其下跌幅度一般会低于大盘，上涨幅度却高于大盘。下面看一下安琪酵母和上证指数的走势对比图，如图 1-5 所示。

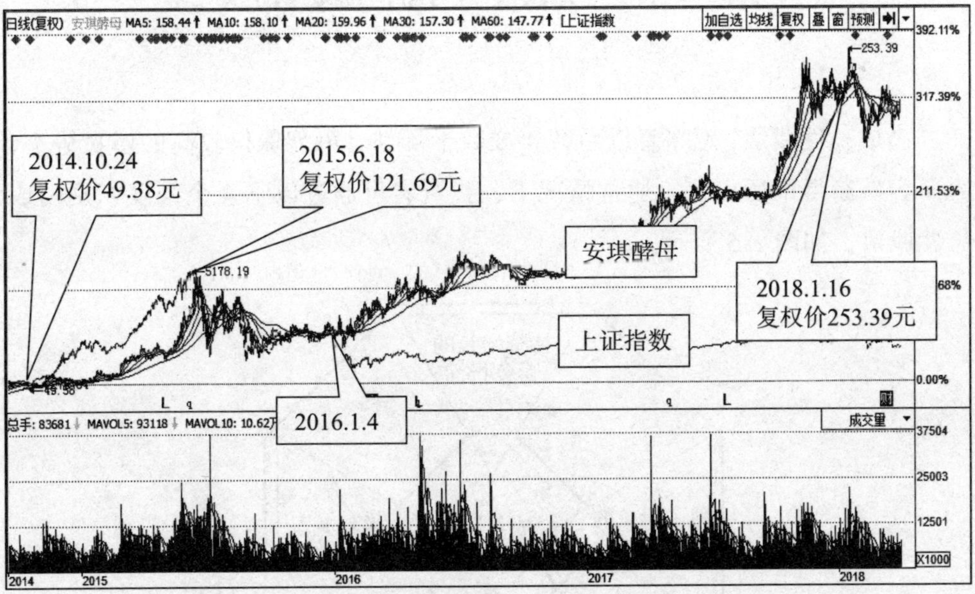

图 1–5　安琪酵母（600298）与上证指数走势对比图

图 1-5 为 2014 年 10 月 24 日到 2018 年 1 月期间，安琪酵母与上证指数的走势对比情况。根据观察，可以将该图大致划分为 3 个阶段。

第一阶段，2014 年 10 月 24 日到 2015 年 6 月 18 日，大盘指数出现大幅上涨走势，安琪酵母随之创下阶段新高。

第二阶段，2015 年 6 月 19 日到 2016 年 1 月 4 日，大盘指数出现大幅下跌走势，安琪酵母只是出现一波小幅调整。

第三阶段，2016 年 1 月 5 日到 2018 年 1 月 16 日，大盘指数出现横向震荡调整走势，安琪酵母却不断刷出新高，由此可见安琪酵母走势之强。

其实，安琪酵母的走势特征代表了整个成长股的走势特征，即大盘上升时成长股随之上升，大盘大幅下跌时，这些股票小幅下跌，大盘横盘时这些股票会走出震荡上升走势。

第二节　如何寻找高成长股

高成长性股票，意味着以后数年或数十年都有可能保持较高的增长势头，因而容易获得市场青睐。通常情况下，投资者可通过以下 4 个维度识别高成长性股票，如图 1-6 所示。

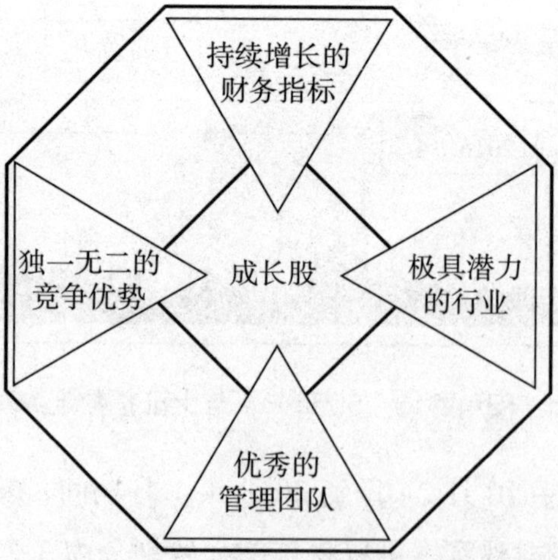

图 1-6　高成长性股票的特征

一、持续增长的财务指标

企业财务指标能够反映整个企业的运营和发展情况。若有意并购该企业，就要先查看该企业的财务指标。同理，作为该企业的股票投资者，查看其基本财务指标也是必不可少的。基本财务指标主要包括以下 3 类。

1. 季度每股收益

季度每股收益，是以季度为周期核算的上市公司每股净收益数据。目前，上市公司财报是以季度为周期公布的，因而在判断股价收益情况时，一般以季度作为周期。每股收益越高，代表企业效益越好。

研判每股收益时，需要注意以下两点。

（1）当期每股收益越高越好。

（2）一次性额外收益必须剔除。例如，某公司在某季度因出售资产获得较多一次性收益，促使当季每股收益大幅提升。这样的收益是无法持续的，因而必须剔除。

2. 每股收益增长率

每股收益增长率即与上年同期相比每股收益的增长情况。

研判每股收益增长率时，需要注意以下两点。

（1）年度复合增长率。成长性好的股票，往往会连续几年保持 20% 以上的增长。鉴于部分高成长性股票可能属于周期性行业，所以，以年为周期核算复合增长率是不错的选择。

（2）增长率名列前茅。所选标的公司的每股收益增长率，应在以往几年取得领先行业内同类企业的成绩。

3. 净资产收益率

高成长性企业的年度净资产收益率应高于 15%，且能保持多年。这些财务指标，投资者可以在炒股软件中通过点击【F10】进行查看，如图 1-7 所示。

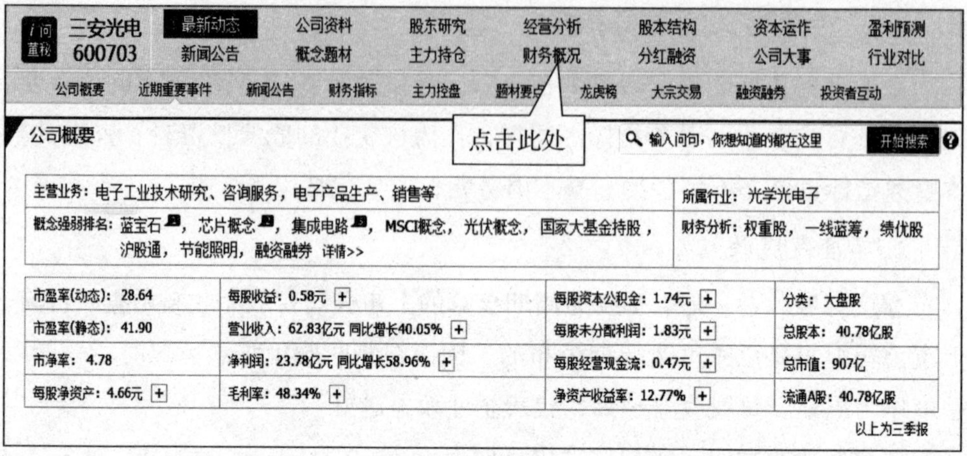

图 1–7　三安光电（600703）F10 资料

如图 1-7 所示，通过 F10 资料，投资者可以查到三安光电上一季度的基本财务数据。当然，若想查看更为详细或时间更长的财务数据，可以点击【财务概况】选项卡，查看其具体内容，如图 1-8 所示。也可以通过点击财务数据上方的选项卡，切换财务数据周期，以获得更为详细的财务数据。

科目\年度	2017-09-30	2017-06-30	2017-03-31	2016-12-31	2016-09-30	2016-06-30
基本每股收益(元)	0.58	0.37	0.17	0.53	0.37	0.38
净利润(元)	23.78亿	15.15亿	6.91亿	21.67亿	14.96亿	9.66亿
净利润同比增长率	58.96%	56.76%	51.14%	27.86%	3.39%	6.89%
扣非净利润(元)	19.61亿	13.04亿	6.12亿	17.40亿	10.90亿	6.42亿
扣非净利润同比增长率	79.87%	103.04%	132.03%	22.55%	1.20%	-9.49%
营业总收入(元)	62.83亿	40.67亿	19.90亿	62.73亿	44.86亿	27.78亿
营业总收入同比增长率	40.05%	46.37%	68.90%	29.11%	24.55%	21.25%
每股净资产(元)	4.66	4.45	4.46	4.28	4.11	6.61
净资产收益率	12.77%	8.33%	3.89%	12.95%	9.05%	5.89%
净资产收益率-摊薄	12.52%	8.34%	3.80%	12.43%	8.92%	5.73%
资产负债比率	22.77%	24.71%	25.20%	26.04%	27.12%	27.15%
每股资本公积金(元)	1.74	1.74	1.74	1.74	1.74	3.38
每股未分配利润(元)	1.83	1.62	1.61	1.44	1.30	2.12
每股经营现金流(元)	0.47	0.32	0.16	0.50	0.25	0.32

图 1–8　三安光电（600703）详细财务数据

二、极具潜力的行业

行业也是投资者判断和选择成长股的一个重要标准。某个企业若处在朝阳产业，且行业在可预见的将来还有更加广阔的发展空间，那么身处这类行业的绩优股可能会有较佳的表现。反之，若一家企业属于国家已经明令禁止或即将淘汰的行业，那么即使该股在某个财务周期取得较佳业绩，这种成长性也无法持续。

互联网行业具有蒸蒸日上的发展势头，将来肯定会有更好的发展。该行业的龙头企业，如百度、阿里巴巴和腾讯（简称 BAT）等，它们的股票也会有更加优异的表现。

除了互联网行业，国家重点扶持的一些行业也会成为未来的朝阳产业，其中极有可能出现类似 BAT 之类的企业。这些行业规划中，投资者需要重点关注节能环保、高端制造、新能源和新材料等领域。

三、独一无二的竞争优势

优势产品是指上市公司生产的产品或提供的服务，通常具有显著的竞争优势，且这种竞争优势足够支撑企业未来的长期发展。

优势产品的判断标准包括以下 3 点。

1. 拥有垄断优势的产品或技术

通常情况下，如果一家公司获得某种产品或技术的垄断权，且在未来相当长的时间内，这种产品或技术不会被淘汰，那么这种优势就是无可比拟的。当然，市场上具有这种优势的企业并不多见，如云南白药、安琪酵母等。

2. 具有明显技术领先优势的产品或服务

有些企业的产品虽不能垄断市场，但其在技术或研发方面的领先优势是其他公司短期内难以追赶的。在未来数年内，这种领先优势将为企业创造可观的收益。

3. 创新基因与可观的研发投入

产品更新换代的速度越来越快，使得昨天还占据优势地位的产品，今天就有可能沦为淘汰品，这在无形中增加了投资者判断或选择拥有优势产品企业的难度。不过，研究历史上成功企业经验后就会发现，很多具有优良创新基因的企业，往往能占领科技发展的最前沿，当然，这也与其历来重视研发投入有关。

拥有优势产品的企业，判断标准包括：其一，拥有一种或几种能持续为企业创造高利润的产品；其二，过去曾出产过主导重大变革的产品；其三，当前及未来正在加大研发投资力度，以确保未来的竞争力。

前面所举的云南白药和安琪酵母，就是两个获得较大竞争优势的企业。在其所属的领域内，没有任何一家公司有与其抗衡的产品，这使两家公司获得极为可观的收益。

四、卓越的管理团队

卓越的管理团队，是一家企业持续盈利的重要保障。万科 A 上市以来，如果以发行价计算，股价已经上涨上千倍。其实，很多人都知道，万科的迅猛发展与其管理团队的卓越领导密不可分。很多天使投资人在描述投资决策因素时，也不断强调，跟项目相比，人是更重要的因素。

卓越的管理团队往往具有以下特点。

1. 拥有清晰的愿景和目标

企业的管理团队决定了企业的发展方向和路线，如果管理团队对企业发展没有清晰的愿景和规划，就无法带领企业前进。当然，光有愿景是不够的，还要看到为愿景和目标付出的努力，以及取得的成绩。愿景、行动和成果都具备了，才能认定这家企业的管理团队比较优秀。

2. 以往经营成绩优良

虽然历史成绩无法证明未来，但在之前的数年内，如果一家企业的管理团队带领企业取得不俗的业绩，而且业绩增长势头平稳，可以证明该管理团队具备较强的管理能力。

对普通投资者来说，因为接触的信息有限，判断一家企业管理团队的优劣确实比较困难。同时，大家也要杜绝一种认识上的误区，即由于某位管理者演讲水平较高或某些观点非常前卫，就认为该公司的管理团队比较卓越。

投资者在判断管理团队是否卓越时，还应通过上市公司以往的经营业绩、经营业务的稳定性和一致性来评定其管理团队。

第三节 如何通过投资成长股获利

股市中没有免费的午餐，不会有从天而降的馅饼。通过投资成长股，投资者通常会有更大的获利机会，但这并不意味着每个投资者投资成长股都能从中获利。

一、适当的时机进入

包括成长股在内，股价在运行过程中，都会有震荡起伏，也会随着大盘的涨跌出现上升与下跌走势。换句话说，若在错误的时间进入一只正确的股票，要想实现盈利，就要比别人耗费更长的时间。期间，若立场不坚定或有其他原因不得不抛出股票，那么可能会造成一次不小的损失。

下面来看一下贵州茅台的股价走势图，如图 1-9 所示。

贵州茅台的股价 2014 年 1 月 8 日从 633.77 元的位置启动上涨，并在 2018 年 1 月 15 日创下 4697.47 元的高点。短短 4 年时间，股价就翻了 7 倍多。不过，观察该股日 K 线走势图可以看出，投资者若没有在正确的时间介入该股，那么会浪费很多时间。例如，投资者若在 2015 年 5 月 26 日的阶段高点买入股票，就要等到一年后的 2016 年 5 月 3 日才能解套。期间，投资者若因某些原因卖出股票，就只能忍痛割肉。由此可见，一个正确的入场点对投资成长股同样非常重要。

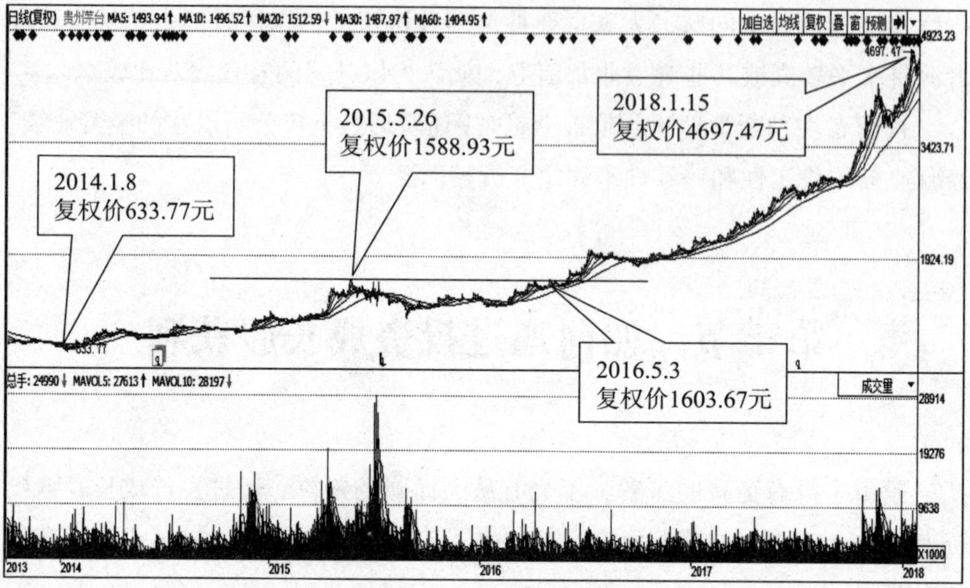

图 1–9　贵州茅台（600519）日 K 线走势图

选择买入成长股时，需要参考的因素主要包括以下 4 点。

第一，个股有无特定的波动周期。若存在周期涨跌的规律，则应避免在波动高点时段介入。

第二，个股股价是否正在创下新高。尽管一只股票在上升过程中经常创出新高，但在其创出新高时，同样面临较大风险。

第三，大盘走势。尽管成长股的走势大都强于大盘指数，但若大盘处于下跌趋势中，也不是购入个股的良机。

第四，尽量避免在个股爆出重大利好时买入股票。重大利好落地前，股价往往会有一番炒作过程，一旦利好兑现，股价往往就会出现回调。

二、选择熟悉的标的

沃伦·巴菲特说：“我只喜欢我看得懂的生意，这个标准排除了 90% 的企业。”“只投资你熟悉、你了解的公司，反而会赚得更多。胡乱投资那些自己不熟悉、不了解的公司，往往只会亏得更多。”

购买股票，其实就是在做投资。将血汗钱投向一家自己认为值得投资的企业，那么肯定要先弄清这家企业是做什么的，盈利模式是什么，未来发展的潜力与前景如何，等等。事实上，散户全面了解上市公司的运作细节并不容易，但在买入股票前，还是要尽可能多地收集一些关于标的企业的信息。

1998 年，投资者大都狂热地追捧高科技股票。在伯克希尔公司股东大会上，巴菲特被问及是否考虑未来某个时候投资于科技公司，他的回答是：也许很不幸，但我的答案的确是“不”。我很崇拜安迪·格鲁夫（英特尔公司创始人）和比尔·盖茨（微软公司创始人），但我不会买英特尔或微软公司的股票。因为当我分析英特尔和微软公司的股票时，我不知道 10 年后这两家公司会是什么样子。我不想玩这种别人拥有优势的游戏。我可以用所有的时间思考下一年的科技发展，但不会成为分析这类企业的专家，第 100 位、第 1000 位、第 10000 位专家都轮不上我。也许很多人都会分析科技公司，但我不行。

通常情况下，投资者收集信息的途径主要包括以下 3 种。

第一，上市公司披露的各种公开信息。投资者可以借助炒股软件的【F10】功能，随时调出关于上市公司的各类信息，包括财务数据信息、管理层信息、投资与交易信息等。

第二，企业网站信息。企业会在自己公司的网站披露一些日常运营信息、领导活动信息和产品信息，这些信息同样对了解该企业运营具有重要意义。

第三，相关论坛上的信息。这类信息多带有小道消息的性质，可靠性不高，投资者需要甄别信息的质量和可靠性。

第二章

四维透析成长股——寻找财务指标持续向好的股票

购买一件商品前，肯定要先了解这件商品到底值不值那么多钱。同样，在购入股票前，也要对股票价值有所了解，财务指标能真实地反映股票的内在价值。本书致力于寻找的成长股，就是那些财务指标持续向好的股票。

第一节　核心财务指标解读成长股

行业不同，企业所处的发展周期不同，财务指标也会有所不同。为了找到能持续成长的股票，还要通过最基本的财务指标来解读成长股。

由于投资者并非专业的财务管理人员，查看并分析所有的财务指标存在困难，这里特别选择一些与股票成长性密切相关的核心指标，供读者参考使用。

投资者可通过炒股软件【F10】功能查看财务指标。进入任一股票后，点击【F10】按钮，即可查看该只股票的财务数据，如图2-1所示。

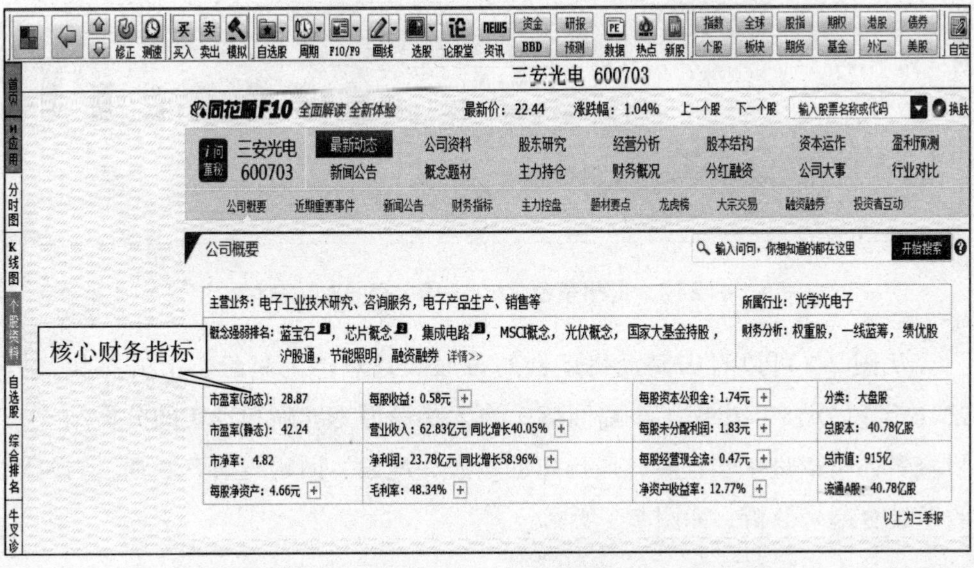

图2-1　三安光电（600703）核心财务指标

一、每股收益（EPS）

每股收益即每股盈利（EPS），又称每股税收利润，指企业税后总利润与股本总数的比率，它是测定股票投资价值的重要指标之一。每股收益，用通俗的话来讲就是你买入一只股票，在某一财务周期内能获得多少收益。当然，每股收益更多地与其他指标结合在一起分析股票价值。

这里简单介绍以下两种每股收益的分析方法。

1. 每股收益比较

不同行业或企业之间对比每股收益没有意义。不过纵向比较企业自身的历年每股收益，能够反映一些问题。通常情况下，一家健康发展的企业，其股票每股收益会呈上升态势，而且其增长的比例应在 10% 以上，若每年递增 30% 以上更佳。

下面看一下贵州茅台的每股收益情况，如图 2-2 所示。

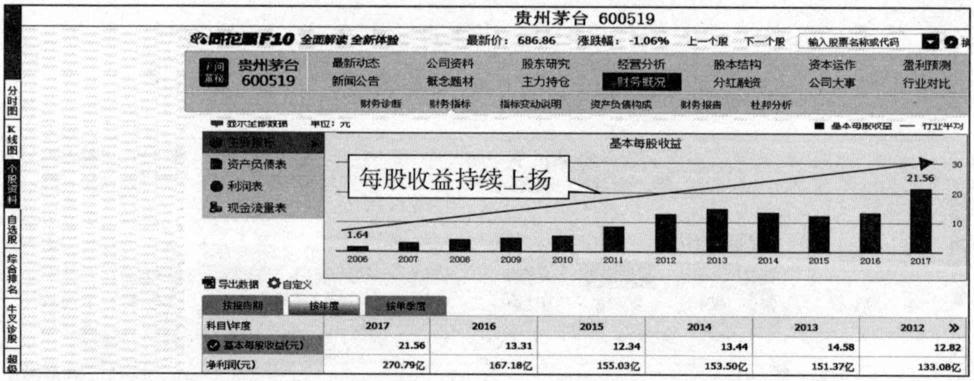

图 2–2　贵州茅台（600519）每股收益变化

从图 2-2 可以看出，贵州茅台的每股收益总体上呈稳步上升态势，但 2014 年和 2015 年出现了小幅回落。为了获得更为准确和真实的分析结论，投资者还可以进一步查看该股历年的送股、配股、回购与增发数据，与每股收益结合起来分析，如图 2-3 所示。

报告期	董事会日期	股东大会预案公告日期	实施日期	分红方案说明	A股股权登记日	A股除权除息日	[illegible]	股利支付率	[illegible]
2017年报	2018-03-28	–	–	10派109.99元(含税)	–	–	董事会预案	51.02%	–
2017中报	2017-07-28	–	–	不分配不转增	–	–	董事会预案	–	–
2016年报	2017-04-15	2017-05-23	2017-07-01	10派67.87元(含税)	2017-07-06	2017-07-07	实施方案	51%	1.44%
2016中报	2016-08-27	–	–	不分配不转增	–	–	董事会预案	–	–
2015年报	2016-03-24	2016-05-19	2016-06-27	10派61.71元(含税)	[illegible]	2016-07-01	实施方案	50%	2.15%
2015中报	2015-08-28	–	–	不分配不转增	[illegible]	–	董事会预案	–	–
2014年报	2015-04-21	2015-05-21	2015-07-10	10送1股派43.74元(含税)	2015-07-16	2015-07-17	实施方案	32.54%	1.65%
2014中报	2014-08-29	–	–	不分配不转增	[illegible]	–	董事会预案	–	–
2013年报	2014-03-25	2014-05-20	2014-06-18	10送1股派43.74元(含税)	2014-06-24	2014-06-25	实施方案	30%	2.85%

图 2–3 贵州茅台（600519）分红融资情况

由图 2-3 可知，在 2014 年和 2015 年，贵州茅台每股收益出现小幅下降的情况，与前一年度利润分配方案中“每 10 股送 1 股”的送配股有关。也就是说，这两年该股股本数都比前一年度增加，因而分摊到每股的收益出现相应下降。

对比图 2-2 和图 2-3 可知，近年来贵州茅台的每股收益一直呈现稳步上升态势，这也使得该股的股价一路走高，如图 2-4 所示。

从图 2-4 可以看出，自 2014 年 1 月 8 日至 2018 年 1 月 15 日，短短 4 年时间，贵州茅台的股价上涨 10 倍多。通过先前对该股每股收益变动情况的了解可知，在股价上升的这段时间里，该股每股收益是持续走高的。2017 年，贵州茅台的股价上升最为迅猛，每股收益也是增加最多的一年。

除了配股、送股、增发等情况外，考察个股每股收益时，投资者还需要了解企业每股收益增长的原因。并不是说个股的每股收益增长越快越好，还要考虑这种增长是否具有可持续性。若是上市公司通过变卖资产以换取短期收益暴增，则需剔除这部分收益，再来看其收益有无实质性的增长，如图 2-5 所示。

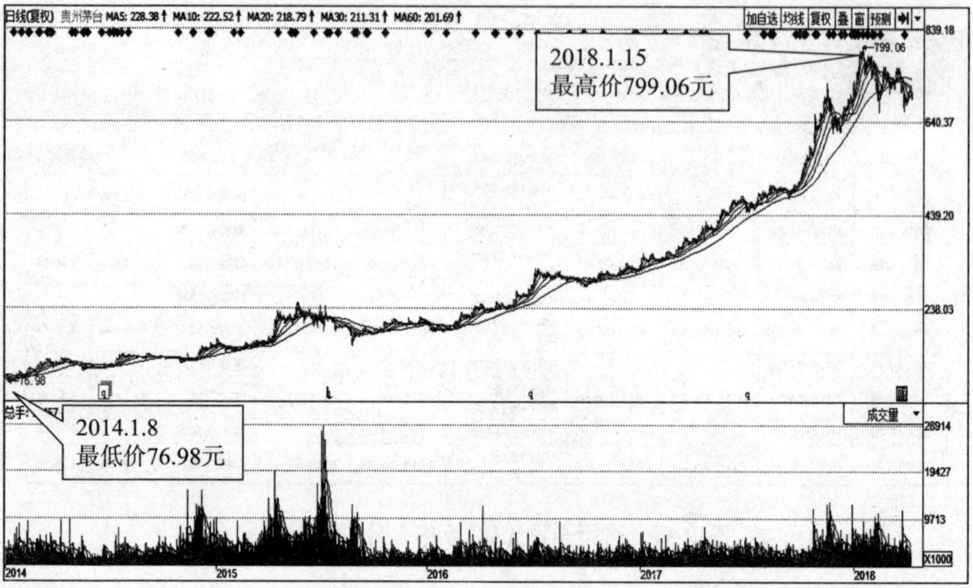

图 2-4　贵州茅台（600519）日线图

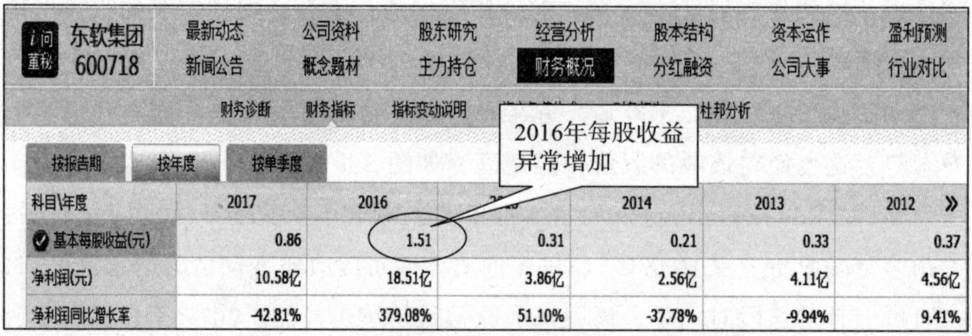

科目\年度	2017	2016	[illegible]	2014	2013	2012
基本每股收益(元)	0.86	1.51	0.31	0.21	0.33	0.37
净利润(元)	10.58亿	18.51亿	3.86亿	2.56亿	4.11亿	4.56亿
净利润同比增长率	-42.81%	379.08%	51.10%	-37.78%	-9.94%	9.41%

图 2-5　东软集团（600718）每股收益变化

从图 2-5 可以看出，自 2014 年开始，东软集团的每股收益出现持续上升，但在 2016 年出现爆炸性增长，2017 年出现回调。进一步了解该上市公司的信息可知，2016 年该公司的子公司东软医疗和东软望海先后引入其他投资者，致使东软集团失去控股权，这使得东软集团不能再将两家公司的财务报表合并至东软集团。这一系列变化使得东软集团 2016 年年报中的收益大幅增加，但 2017 年的财务数据又大幅回落。在对比东软集团每股收益走势时，投资者必须充分考虑这一变化因素。

2. 每股收益增长率变动

每股收益增长率是由每股收益演化而来的，其在衡量个股成长性方面用途更为广泛。每股收益增长率反映每股公司股权可分得利益的增减情况。通常情况下，成长股的每股收益增长率越高，持续性越强，说明该股的成长性越好。

每股收益增长率的计算公式如下：

每股收益增长率 =（当期每股收益 - 上期每股收益）/ 上期每股收益

通常情况下，只有当一只股票的每股收益增长率达到或超过 15%，且这种增长速度能够保持 5 年以上，才能称为成长股。当然，出现个别特殊情况，某一年度的每股收益增长率低于 15%，但只要平均增速超过 15%，也不影响对成长股的认定。

行业不同，每股收益增长率也会有所不同。例如，一些刚刚上市的、股本量较小的企业，每股收益增长率可能会远远超过 15%；上市时间较久且股本量较大的企业，每股收益增长率就会相对缓慢。在实战选股时，投资者要适当做出权变。个别创业板股票的每股收益增长率，甚至能够连续多年超过 100%。

投资者需要了解自己关注行业的年均每股收益增长率，然后将目标标的的每股收益增长率放到整个行业中去作比较。若目标股票是一只上市年限较短、股本较小的股票，那么它的每股收益增长率至少要排进行业前 3 名才行。若是上市年限较长、股本较大的股票，它的每股收益增长率排名可以适当靠后一点儿，但仍要位于行业前 20 名。

二、市盈率（P/E）

市盈率也称“股价收益比率”或“市价盈利比率”，是最常用的衡量股价是否合理的指标之一。其基本计算公式为：

市盈率 = 股价 / 每股收益

在计算具体市盈率时，通常股价以最新股票报价为准，而每股收益则以上一年度的每股收益为计算依据。市盈率反映按照当期股票收益需要多少年能够收回投资成本。例如，以上一年度每股收益为依据，一只股票的市盈率为 20 倍，则说明按照该股上一年度的每股收益，投资者需要 20 年才能收回买入股票的成本。

市盈率分为静态市盈率和动态市盈率两种。通过炒股软件调出个股基本财务数据时，就能看到这两个指标，如图 2-6 所示。

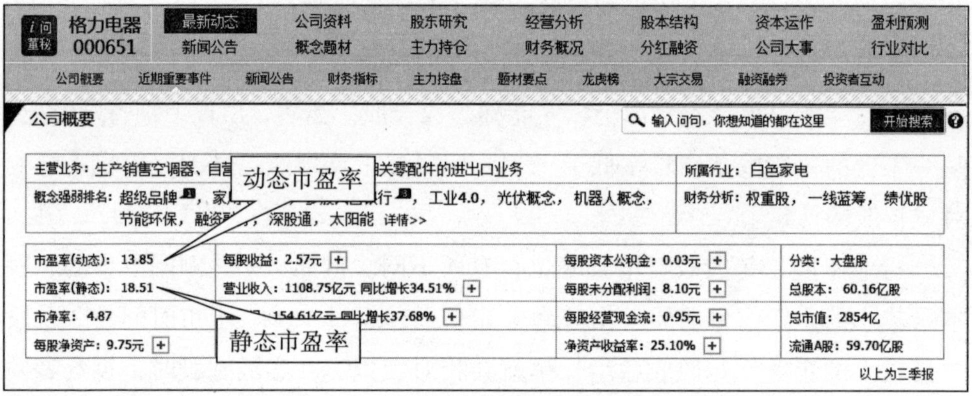

图 2-6　格力电器（000651）基本财务数据

1. 静态市盈率

静态市盈率，就是通常所说的市盈率，是将最新股价与上一年度每股收益相除获得的。静态市盈率反映的是以当前的盈利状态，投资者收回投资成本需要多少年时间。通常情况下，市盈率越低，说明投资者可以用更短的时间收回投资，股票的投资价值越大。不过，在具体实战中，并不能简单地按照市盈率的高低来选择股票。

第一，行业不同，判断市盈率高低的标准也不同。比如，银行业的市盈率普遍较低，不能因此断定所有银行板块的股票都是最具有投资价值的；反之，创业板的股票普遍存在高市盈率的状况，也不能因此断定其股票投资价值低。这是因为一方面创业板股票属于市场上的稀缺品，因而存在一定的溢价；另一方面则是由于创业板股票往往被认为具有较高的成长性，市场资金也愿意接受其高市盈率的情况。

第二，反向来看市盈率高低更能说明问题。一些高市盈率的股票得以存在，且涨势更好，说明市场资金愿意接受其高溢价，未来这类股票可能会继续上升。因此，通过市盈率选择股票，投资者必须学会辩证地思考，不能一概而论。

下面来看一下乐普医疗的财务数据，如图 2-7 所示。

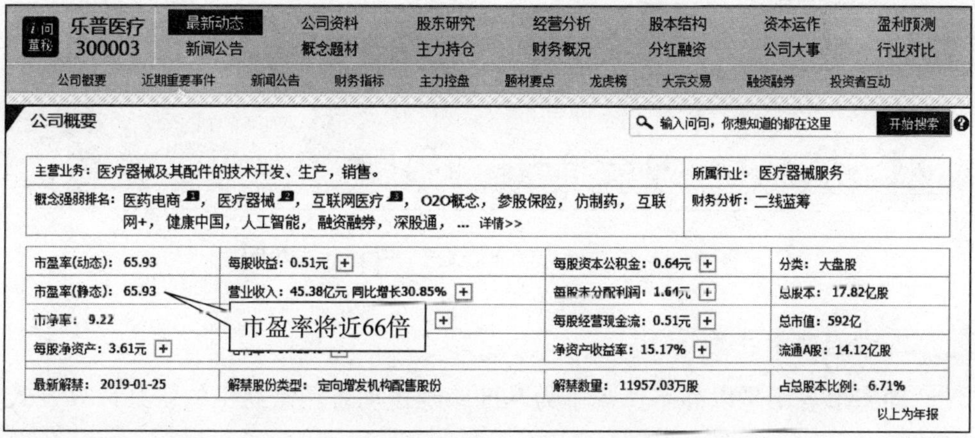

图 2–7　乐普医疗（300003）基本财务数据

从图 2-7 可以看出，乐普医疗的市盈率达到 65.93 倍，也就是说，投资者要想通过该股的每股盈利来收回投资成本，大约需要 66 年，当然，这还不包括红利税等因素。其实，这只股票的市盈率应该算是很高的了，下面再观察一下该股的日 K 线走势图，如图 2-8 所示。

从图 2-8 可以看出，2017 年 1 月 20 日，乐普医疗的股价以 16.25 元启动上升，至 2018 年 4 月 13 日，该股创下 34.97 元的高点。也就是说，在一年多的时间里，该股股价翻了一番还多。这说明该股的高市盈率并没有影响投资者追涨的热情，反过来也说明高市盈率的股票，更是获得了市场的充分认可。当然，这并不意味着市盈率越高越好，很多短线暴涨股，当其上涨至顶部区域时，总会出现较高的市盈率。

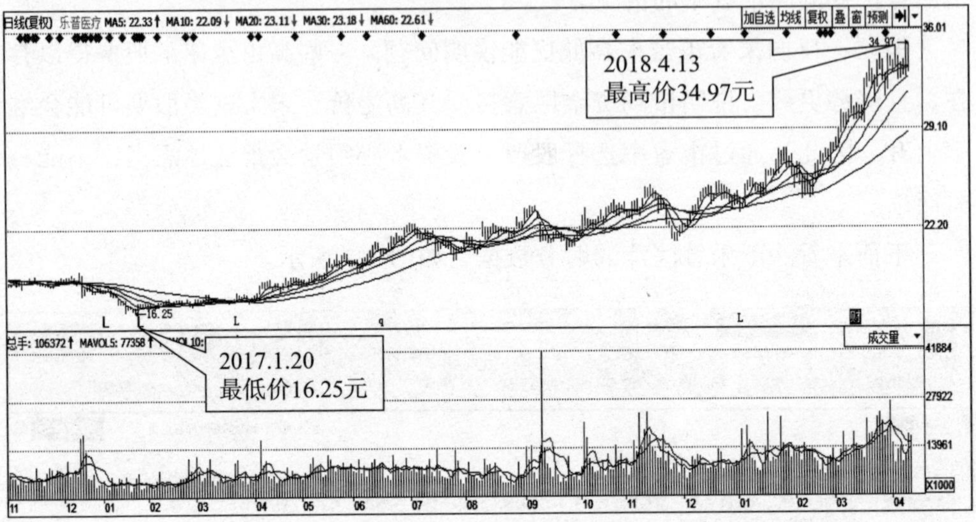

图 2-8　乐普医疗（300003）日 K 线走势图

2. 动态市盈率

动态市盈率是以静态市盈率为基准，经过动态调整获得的。其计算公式如下：

动态市盈率 = 静态市盈率 × 动态系数

其中：动态系数 $=1/(1+i)^n$

i —每股收益的增长性比率。

n —企业可持续发展的持续期。

每股收益的增长性比率可以根据企业以往每股收益增长率进行估算，同时还要对企业维持该增长率的年限进行预测。例如，预估某企业的每股收益增长率在未来 5 年能维持在 20% 左右，且当前该股市盈率为 50 倍，那么该股的动态市盈率为：

动态市盈率 $=50\times[1/(1+20\%)^5]\approx 20$（倍）

也就是说，一只股票若能 5 年保持 20% 左右的增长率，那么其当前的

50 倍静态市盈率只相当于 20 倍动态市盈率。20 倍市盈率，对大多数股票来说都是可以接受的一个市盈率倍数。由此可见，在选择股票时，投资者一定要选择那些能够持续成长的股票，尽管暂时这些股票的静态市盈率较高，但长远来看，其动态市盈率并不高。

三、市盈率相对盈利增长率（PEG）

市盈率相对盈利增长率（PEG），是将上市公司的市盈率除以盈利增长率获得的数值。该指标最先由英国投资大师吉姆·斯莱特提出，后来由美国投资大师彼得·林奇发扬光大。其计算公式如下：

市盈率相对盈利增长率（PEG）= 市盈率 / 净利润增长率

吉姆·斯莱特将 1 看成 PEG 指标的重要临界值。当投资标的的 PEG 小于 1 时才有投资的价值，若能小于 0.5 更佳。彼得·林奇也曾经指出，最理想的投资对象，其 PEG 值应该低于 0.5。PEG 在 0.5 ~ 1 之间，是安全范围。PEG 大于 1 时，就要考虑该股有被高估的可能。相比单纯的市盈率数值，PEG 指标更具有可操作性。在具体的实战操作中，投资者需要关注 3 个重要数值。

第一，历史 PEG 值。

投资者可对目标标的以往 3 年的 PEG 值进行计算，获得一个历史数据，并为判断当前 PEG 值所处的位置提供依据。

第二，计算当前的 PEG 值。

当前 PEG 值是用来研判目标标的处于当前价位时是否具有投资价值。一旦发现目标标的的 PEG 值小于 1，若小于 0.5 更好，则可考虑执行买入操作。

第三，预测未来的 PEG 值。

预测未来的市盈率和净利润增长率并不容易，投资者可以借助其他投资研究机构给出的数值，也可以根据企业以往的财务数据进行估算。当然，估算数值并不要求十分精确。然后根据估算的数值计算未来的 PEG 值。

下面来看一下泰豪科技的案例，如图 2-9 所示。

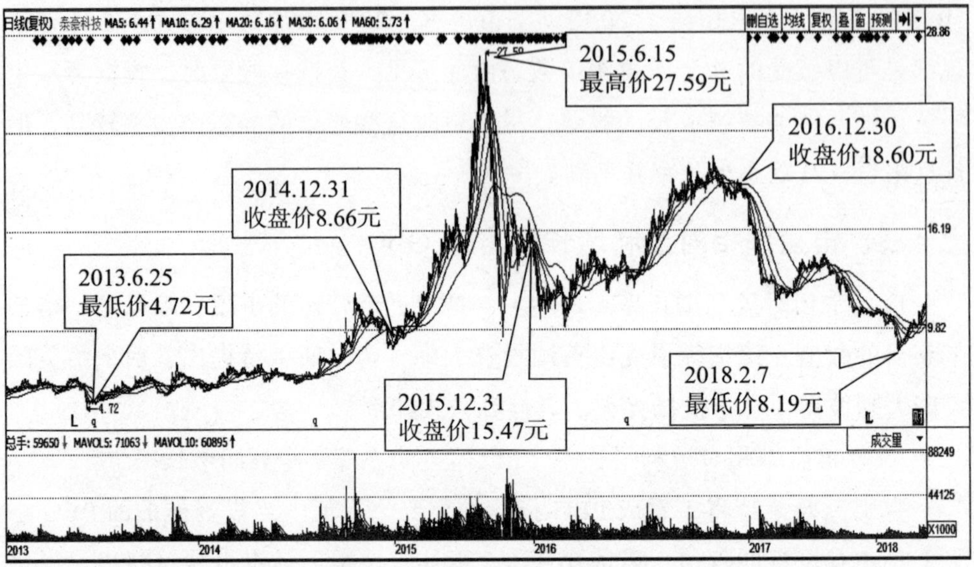

图 2-9　泰豪科技（600590）日 K 线走势图

为了准确地判断当前 PEG 值所处的位置，需要研判以往 3 年（2014 年至 2016 年）的 PEG 值，以及近几年股价历史高点 PEG 值和历史低点 PEG 值。再来看一下该股的财务数据，如图 2-10 所示。

科目\年度	2017	2016	2015	2014	2013	2012
基本每股收益(元)	0.38	0.19	0.16	0.12	0.03	0.14
净利润(元)	2.52亿	1.24亿	8600.10万	5859.59万	1467.40万	6947.98万
净利润同比增长率	103.45%	43.99%	46.77%	299.32%	-78.88%	28.72%
扣非净利润(元)	1.51亿	1.03亿	7744.88万	3856.78万	-390.10万	3884.82万
扣非净利润同比增长率	47.06%	32.90%	100.81%	1088.65%	-110.04%	23.88%
营业总收入(元)	51.01亿	39.02亿	34.88亿	29.21亿	25.01亿	24.78亿
营业总收入同比增长率	30.72%	11.86%	19.43%	16.76%	0.94%	-16.47%
每股净资产(元)	5.59	5.71	5.01	4.32	4.27	4.36
净资产收益率	6.53%	3.38%	3.33%	2.71%	0.68%	3.87%

图 2-10　泰豪科技（600590）财务数据

下面根据财务报表中的数据，计算获得每股时间点的 PEG 值。2015 年

6 月 15 日的 PEG 值可以根据上年度（即 2014 年）每股收益计算获得，如表 2-1 所示。

表 2–1　PEG 值对照表

时间	2016. 12. 30	2015. 12. 31	2015. 6. 15	2014. 12. 31	2013. 6. 25
股价（元）	18.6	15.47	27.59	8.66	4.72
每股收益（元）	0.19	0.16	0.12（2014）	0.12	0.14
市盈率（%）	97.9	96.7	230	72	33.7
盈利增长率（%）	43.99	46.77	299.32	299.32	28.72
PEG 值	2.22	2.06	0.76	0.24	1.17

从表 2-1 可以看出，该股 PEG 值的运行范围从 0.24 到 2.22 不等，其中股价与市盈率均创新高的 2015 年年中时段，PEG 值仍位于合理的投资区间内。当然，考虑 2013 年年度该股每股收益仅为 0.03 元（如图 2-10 所示），2014 年的高增长率就不奇怪了。查阅历史数据，仅仅是为投资提供参考。不过这组数据也说明一个问题：市盈率高的时候，并不一定没有投资价值；市盈率低的时候（2013 年年中），也不见得就一定有投资价值，关键还是要看 PEG 值的情况。

再来看一下当期的 PEG 值。2018 年 2 月 7 日的股价为 8.19 元，2017 年年末的每股收益为 0.38 元，净利润增长率为 103.45%，该股当日的市盈率为 21.55 倍。

$$PEG\ 值 = 21.55/103.45 \approx 0.21$$

也就是说，2018 年 2 月 7 日的 PEG 值比该股近几年的历史最低值还要低。按照 PEG 值选股标准，该股具有较高的投资价值。

接下来，还可以对该股未来的 PEG 值进行预测。根据该股的历史利润增长率情况，可以将未来一年的利润增长率预测值设定在 40% ~ 50%，其市盈率则可能维持在 40 ~ 50 倍。也就是说，该股 PEG 值很可能在 1 左右，未来一年内，该股还是具有一定投资价值的。

不过，在选择股票时，投资者不能仅用一个标准来做判断，还需参考其他因素。特别是一些净利润增长率浮动较大的个股，更应该从多角度研判其投资价值。

四、每股经营现金流量

每股现金流量是指企业在不动用外部筹资的情况下，用自身经营活动产生的现金偿还贷款、维持生产、支付股利以及对外投资的能力，它是一个评估每股收益“含金量”的重要指标。每股现金流量为本期经营活动所获得的现金净额与股本总量的比值，其中，现金净额即为现金流入与流出的差额。

每股经营现金流量与每股收益存在一定的关联，但又有很大的差异。每股收益是将企业某一周期内的净利润总额除以股本总数获得的，每股经营现金流量则是将企业在经营活动中获得的现金净额除以股本总数获得的。一个以净利润总额为标准，另一个以现金净额为标准。

其实，净利润总额和现金净额二者之间的区别，更多地体现在会计计算的理论依据上。目前，计算净利润的理论依据是权责发生制，而计算现金净额的理论依据是现收现付制。

举个简单的例子来说明。如果一家上市公司对外销售价值 2000 万元的商品，客户却要求在一年以后付款。那么，在计算当期利润时，这家上市公司就会按照权责发生制将这 2000 万元的商品计算在内。若是按照现收现付制计算现金流量，则不会将这 2000 万元现金计算在内。也就是说，每股现金流量能比每股收益更真实地反映企业当期获得的现金收入。

股市中历来存在一些关联交易，有一些上市公司为了财务报表好看，会采用一些关联交易的方式来增加企业利润额，例如将自己的产品卖给关联企业。不过，尽管这些交易能增加企业利润额，却很难增加企业现金流量。正因如此，很多投资者都将每股现金流量看成一个很重要且能检验每股收益成色的指标。

1. 每股经营现金流的基本交易含义

通常情况下，每股经营现金流具有如下 3 项交易含义。

第一，现金流量是用于偿付债务和支付股息的。现金流量增加，表明公司发展势头强劲，有足够支付股息和偿付债务的能力。反之，若公司现金流量萎缩，有负债增加的可能。

第二，鉴于现金流的形成与现金流入、流出直接相关，企业某些重大工程的结算时间点问题，可能会导致企业现金流出现异常放大或缩小。实战中，投资者需要研判现金流变动的原因。

第三，按照通常理解，若每股经营现金流高于每股收益，则企业运营处于一种较佳的状态。

每股经营现金流数据在炒股软件中都会给出，投资者只需点击【F10】即可调出相关数据。下面来看一下小天鹅 A 的财务数据，如图 2-11 所示。

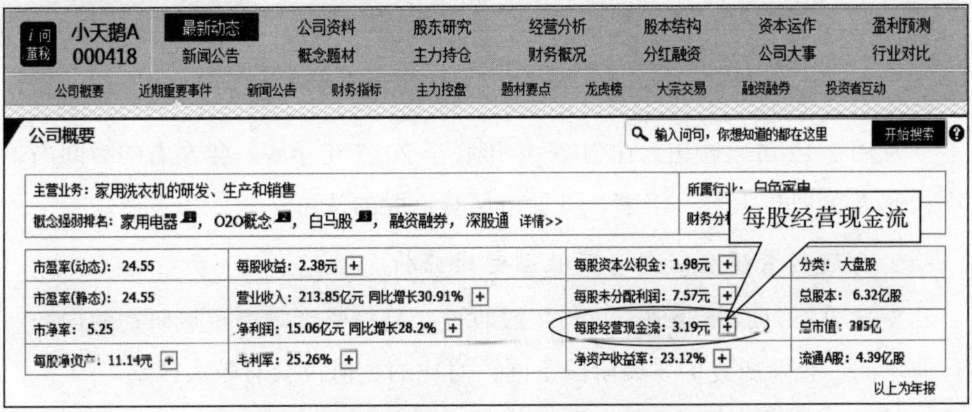

图 2–11　小天鹅 A（000418）财务数据

从图 2-11 可以看出，小天鹅 A 的每股经营现金流高于每股收益，说明该股现金流非常充足。从其营业收入增长率和净利润增长率也可以看出，该公司经营状况良好，不仅能按时支付债务，还能保证给投资者比较丰厚的回报。其实，从该股的日 K 线走势图也能看出，该股仍具有较强的成长性，如图 2-12 所示。

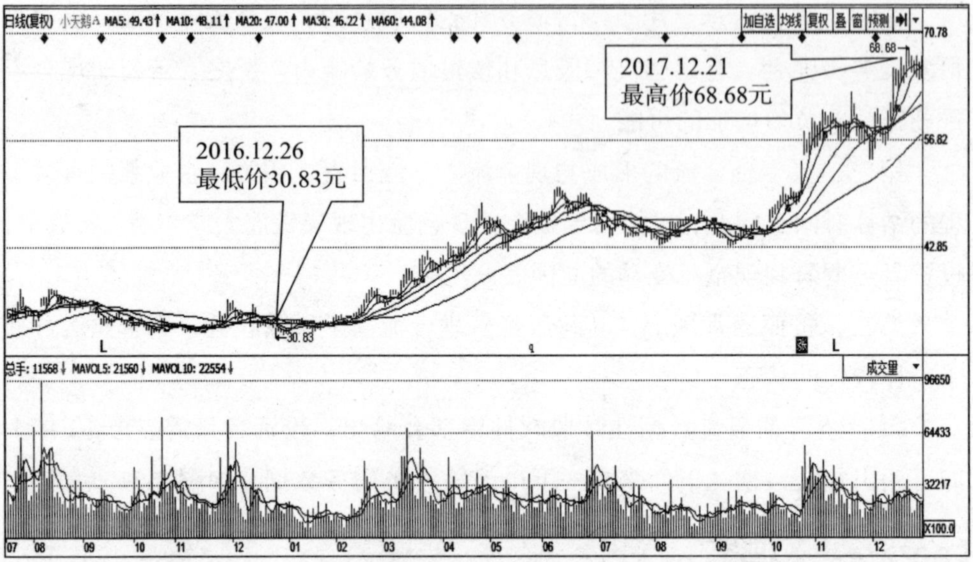

图 2–12 小天鹅 A（000418）日 K 线走势图

从图 2-12 可以看出，在 2016 年年底至 2017 年年底一年左右的时间内，小天鹅 A 的股价上升一倍多，可见市场对该股的认可。

2. 每股经营现金流与每股收益对比分析

对比分析每股经营现金流与每股收益，是投资者需要重点研判的内容。行业不同、企业所处的发展阶段不同，对比的数值也会有较大区别。

第一，每股经营现金流与每股收益双双高企。

每股经营现金流与每股收益较高且能维持较长时间，说明该企业与其他企业相比具有较强的竞争优势，甚至具备一定的垄断优势，这类企业是市场上资金争相追逐的超级绩优股。例如，在 A 股市场上的贵州茅台，如图 2-13 所示。

从图 2-13 可以看出，在 2017 年度，贵州茅台的每股收益达到 21.56 元，每股现金流也高达 17.64 元。这不仅说明该股具备较强的偿债能力和派发股息的能力，还说明该股现金流极为充沛，在整个市场上具有绝对的话语权。其实，这也跟贵州茅台经营的产品特征密不可分。贵州茅台酒是贵州茅台主

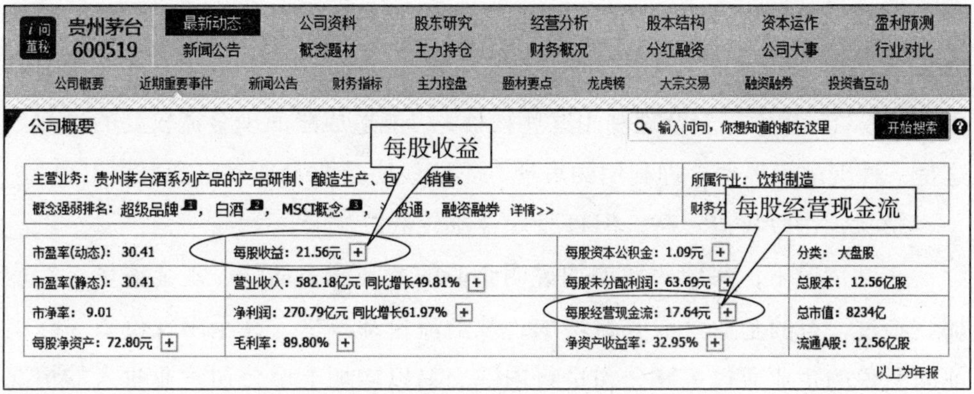

图 2-13　贵州茅台（600519）财务数据

要的利润来源，贵州茅台酒在市场上永远处于一种稀缺状态。很多时候厂家还要对经销商制定限额标准，有些经销商拿现金都不一定能足额获得货源，因而不会拖欠货款，这就使得该股现金流非常充沛。其实，在贵州茅台的股价走势上，这一点也表现得比较充分，如图 2-14 所示。

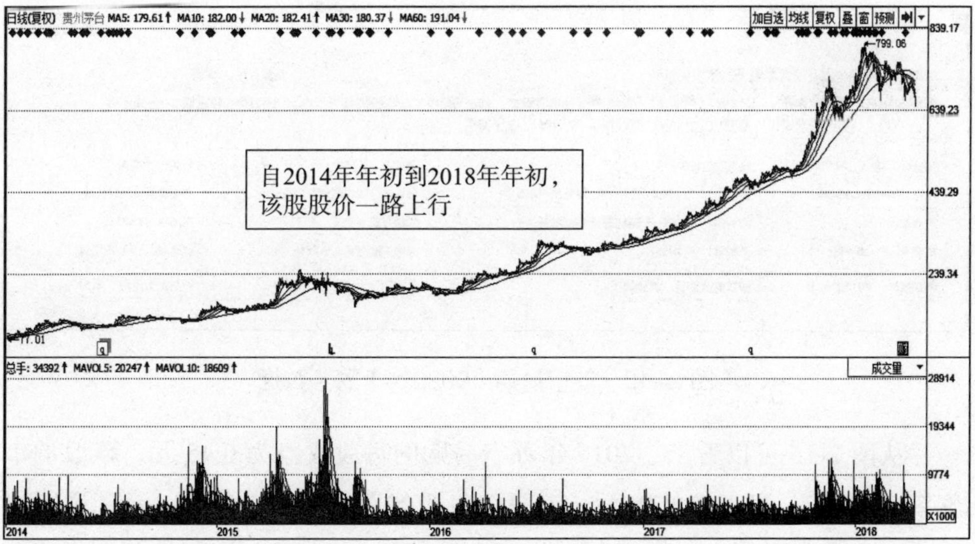

图 2-14　贵州茅台（600519）日 K 线走势图

当然，并不是说所有每股现金流和每股收益都较高的企业，未来一定会经营得更好。事实上，很多新上市的企业特别是创业板企业，上市之初吸收了大量投资，后来并未合理利用这些投资，可能造成账面现金流较高的局面。这是一种资源未得到合理利用的表现，不能说明企业未来一定会表现出色。

第二，每股收益较高，但每股现金流较低。

正常情况下，每股收益增加说明企业的盈利能力增强，现金流量必然增加。不过，有的企业每股收益增加，现金流量却减少，甚至出现负数。除了前面所说的企业通过关联公司进行内部交易以增加上市公司营业收入的情况外，也存在企业扩张过快、存货增加的可能。这时投资者需要分析企业扩张能否为未来带来更多的利润，或存货增加能否给企业带来更大的负担，客户是否存在无法按时付款的可能。下面再来看一下苏宁易购的财务数据，如图 2-15 所示。

图 2-15　苏宁易购（002024）财务数据

从图 2-15 可以看出，2017 年苏宁易购的每股收益为 0.45 元，该股的市盈率为 29 倍，属于较低水平。该股的每股经营现金流为 -0.71 元，说明当年流入的现金低于流出的现金。也就是说，该公司对外投资耗费的资金额度较高，对企业偿付债务、为投资者支付股息都不利，这可能让投资者投资该企业变得犹豫，如图 2-16 所示。

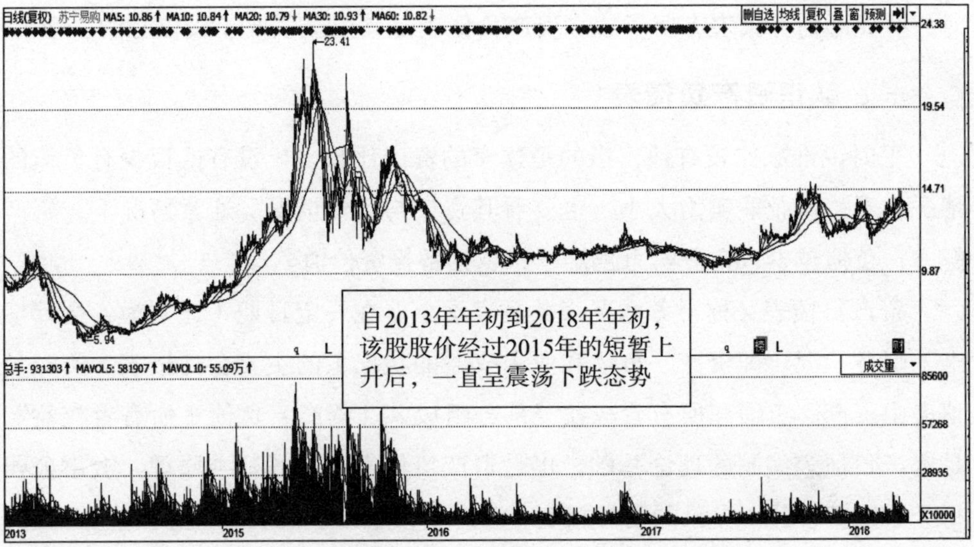

图 2-16　苏宁易购（002024）日 K 线走势图

从图 2-16 可以看出，从 2013 年年初到 2018 年年初，苏宁易购的股价一直呈现震荡态势，并未出现大幅上升，说明投资者对该公司的投资行为存在一定担忧。当然，这也与大盘走势不佳有一定的关系。

总之，投资者不能一看到每股收益增加，现金流量减少，就认为企业运营存在问题，还需要进一步分析企业现金流减少的原因。今天减少的现金流未来能否补回，甚至成倍补回，也是投资者需要考虑的。

若企业的每股经营现金流和每股收益都为负数，说明企业经营出现问题，未来有难以为继的可能。在选择成长股时，投资者要在第一时间将这类股票排除在外。

第二节　解读核心财务报表——资产负债表

大部分普通投资者都不是专业会计，但出于对自己的投资负责考虑，要对一些核心财务报表有所了解。资产负债表是其中最主要、最核心的一个。

一、认识资产负债表

平时说谁家比较有钱，指的是这家的资产比较多，没有或很少有负债的情况。看一家企业实力大小，也要看其资产与负债情况。通常情况下，资产越多，负债越少，企业实力越雄厚，越具备投资价值。

资产负债表又称财务状况表，是表示企业在一定日期（通常为各会计期末）财务状况（即资产、负债和业主权益的状况）的主要会计报表。资产负债表由资产、负债和所有者权益三部分组成。“资产 = 负债 + 所有者权益”是资产负债表编制的理论基础，也是资产负债表成立的基本原理。上市公司每个季度都会公布自己的财务报表，资产负债表跟利润表、现金流量表一样，都是必须公布的项目。

投资者借助【F10】功能，在【财务概况】选项卡内点击【资产负债表】，可以看到完整的资产负债表信息，如图 2-17 所示。

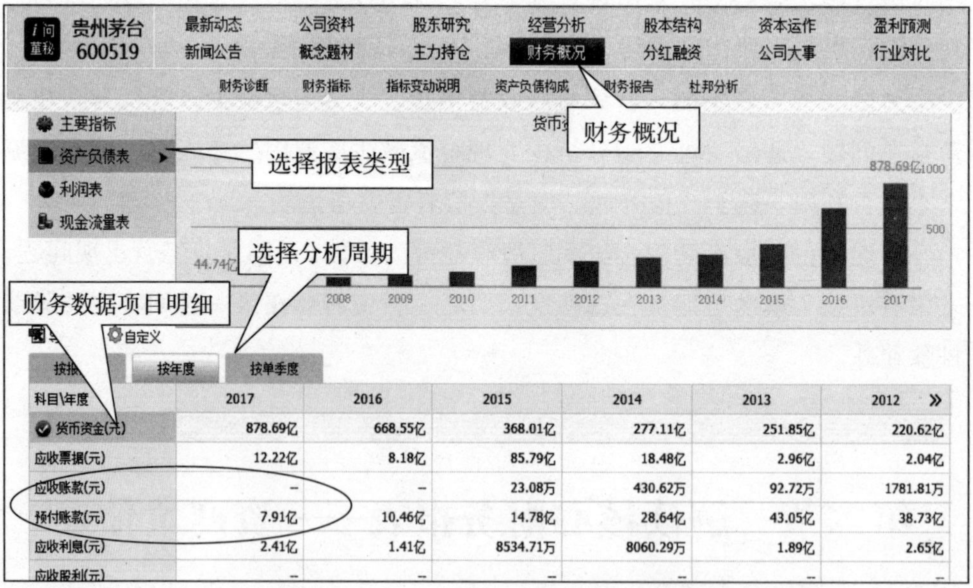

图 2-17　贵州茅台（600519）资产负债表

如图 2-17 所示，炒股软件中给出的资产负债表项目都是竖向排列的，并同时给出多个报告周期数据。投资者可以比较各个周期的财务数据，以获取自己需要的信息。为了让读者更容易理解资产负债表，下面把资产负债表还原为普通样式。也就是说，通常所说的资产负债表应该是表 2-2 所示的样子。

对比图 2-17 和表 2-2 可以发现，炒股软件中的资产负债表，其实就是将表 2-2 中的项目竖向展开。

企业所在行业不同，经营项目不同，资产负债表中的一些具体分类项目也会有所差异，但基本结构不会有变化。

资产负债表的左侧为资产栏目，右侧上半部分为负债栏目，下半部分为所有者权益栏目。其中，资产栏目的总额应该恒等于右侧负债栏目与所有者权益栏目的总和。

1. 资产负债表中的“资产”

资产，是指企业过去经营交易或各项事项形成的、企业拥有或控制的预期会给企业带来经济利益的资源。用通俗的话来讲，就是告诉投资者这个企业都有什么（资产）。当然，企业拥有的东西，既包括用自己的钱买来的（所有者权益），也包括借别人的钱买来自己用的东西（负债）。总之，企业现在能用来赚钱的资源就是企业资产。按照会计分类方法，可以将资产分为流动资产和非流动资产两类。

（1）流动资产。

流动资产是指企业可在一年或超过一年的一个营业周期内变现或运用的资产，是企业资产中必不可少的组成部分。流动资产就是那些能在短期内迅速变现的资产，最典型、最重要的流动资产包括现金（本身就是货币）、存货（商品可以卖出换回现金，原材料可以变成商品再换回现金）、应收账款（就是别人欠自己的钱，能收回来的就是现金，收不回来就会变成坏账）。

在诸多流动资产中，现金是最重要的一种。企业不同，行业不同，存货和应收账款的变现能力也存在差别。比如，图 2-17 中的贵州茅台，由于具

表 2-2　资产负债表

编制单位：　　　　　　　　　　　　　　　　　　　　　　　　会企 01 表
买入必涨有限责任公司　　　　　2018 年 8 月 8 日　　　　　　单位：元

资产	行次	年初数	期末数	负债和所有者权益（或股东权益）	行次	年初数	期末数
流动资产：				流动负债：			
货币资金	1	880000.00	2000000.00	短期借款	33	300000.00	700000.00
交易性金融资产	2			交易金融负债	34		
应收票据	3			应付票据	35		
应收账款	4	200000.00	500000.00	应付账款	36	1800000.00	2200000.00
预付账款	5			预收账款	37		
应收利息	6			应付职工薪酬	38		600000.00
应收股利	7			应交税费	39		399000.00
其他应收款	8	2000000.00	100000.00	应付利息	40		1000.00
存货	9	1000000.00	3000000.00	应付股利	41		
其中：消耗性生物资产	10			其他应付款	42	700000.00	1000000.00

续表

资产	行次	年初数	期末数	负债和所有者权益（或股东权益）	行次	年初数	期末数
一年内到期的非流动资产	11			一年内到期的非流动负债	43		
其他流动资产	12			其他流动负债	44		
流动资产合计	13	4080000.00	5600000.00	流动负债合计	45	2800000.00	5000000.00
非流动资产：							
可供出售金融资产	14			长期借款	46		
持有至到期投资	15			应付债券	47		
长期应收款	16			长期应付款	48	1500000.00	1000000.00
长期股权投资	17	1000000.00	1000000.00	专项应付款	49		
投资性房地产	18			预计负债	50		
固定资产	19	2000000.00	2500000.00	递延所得税负债	51		
在建工程	20			其他非流动负债	52		
工程物资	21			非流动负债合计	53	1500000.00	1000000.00

续表

资产	行次	年初数	期末数	负债和所有者权益（或股东权益）	行次	年初数	期末数
固定资产清理	22			负债合计	57	4300000.00	6000000.00
无形资产	23	600000.00	600000.00				
开发支出	24			所有者权益（或股东权益）	58		
专利权	25			实收资本（或股本）	59	3000000.00	3000000.00
商标权	26			资本公积	60		
商誉	27			减：库存股	61		
长期待摊费用	28			盈余公积			
递延所得税资产	29			未分配利润	62	380000.00	700000.00
其他费流动资产	30			所有者权益（股东权益）合计	63	3380000.00	3700000.00
非流动资产合计	31	3600000.00	4100000.00		64		
资产总计	32	7680000.00	9700000.00	负债和所有者权益（或股东权益）	65	7680000.00	9700000.00

注：表中数据皆为虚拟数据，仅为方便讲解之用。

备较强的品牌优势和垄断优势，2017年度应收账款为0。也就是说，经销商根本不敢欠贵州茅台的钱。有时还要先把货款打进贵州茅台的账户，就是这样都不一定能拿到货！当然，贵州茅台即使有应收账款也会全部变现的，这一点根本不成问题。但是，其他公司就没这么硬气，投资者要多加区分。比如表2-2中这家公司，应收账款和存货能不能完全变现就很难说。

（2）非流动资产。

非流动资产是指不能在一年或超过一年的一个营业周期内变现或耗用的资产。它是指流动资产以外的资产，主要包括持有到期投资、长期应收款、长期股权投资、工程物资、投资性房地产、固定资产、在建工程、无形资产、长期待摊费用、可供出售金融资产等。也就是说，除了流动资产之外，所有资产都属于非流动资产。非流动资产的变现能力普遍弱于流动资产，而且在变现时常常会有折损。

非流动资产中，最典型的主要包括3类。

第一，长期股权投资。企业对外投资取得被投资单位的股份。A股上市公司经常投资一些相关单位，企业为了获得被投资单位的股份花费的钱就是长期股权投资。这些企业每年的分红会按比例计入企业的投资收益，投资者需要关注这些上市公司投资的单位及行业。若被投资单位中有些能够上市，无疑将大大提升企业的投资收益。若被投资单位中有些涉及某些热门概念，也会带动上市公司股价上扬。

第二，固定资产。固定资产是指企业为生产产品、提供劳务、出租或经营管理而持有的、使用时间超过12个月的价值达到一定标准的非货币性资产，包括房屋、建筑物、机器、机械、运输工具，以及其他与生产经营活动有关的设备、器具、工具，等等。

固定资产具有3个属性：其一，必须是与生产经营有关的（无关的资产可能被列入投资，如投资性房产）；其二，持有和使用时间较长，一般要超过12个月；其三，有一定的价值，价格不能太低（价格太低可能会被列入低值易耗品直接摊销掉）。

大多数企业中，固定资产都占到总资产的相当比例，特别是一些生产型企业，其设备、厂房的投资很大，很容易造成固定资产高企。这些固定资产通常在短期内难以变现，只会在企业账面上体现，一旦企业破产，可能会被折掉相当的价值。当然，也有一些企业的固定资产已经折旧完毕，但仍然在发挥余热，可能会为企业增值不少。正因如此，投资者在分析目标标的资产时，要留心固定资产栏目，多角度分析固定资产的价值。

第三，无形资产。无形资产是指企业拥有或控制的，没有实物形态可辨认的非货币性资产。无形资产包括商誉、特许经营权、专利权、商标权等。无形资产的计量存在一定困难，只有在发生交易时才会体现其价值。也就是说，很多品牌价值较高的企业，其实会计报表中并没有计入这部分资产，因此这些企业往往存在价值低估的情况。投资者需要自行估算其大致价值，以便获得标的企业更准确的价值数据。

2. 资产负债表中的"负债"

负债，是企业承担的能以货币计量、需要以资产或劳务偿还的债务。它是一种债务，是企业需要偿还的钱。如同一个人欠别人钱，这笔钱终究是要还的。资产负债表中的"负债"，就是告诉大家，这家企业到底欠多少外债。大家知道，如果一个人欠其他人很多钱，那么他再去借钱时，大家就会担心他能不能还上。企业也是如此，如果一家企业负债过多，甚至出现资不抵债（资产小于负债）的情况，那么这家企业就离破产不远了。

按照会计分类方法，可以将负债分为流动负债和非流动负债两类。

（1）流动负债。

流动负债是指在一年或超过一年的一个营业周期内偿还的债务。流动负债与流动资产相对，是那些需要在短期内偿还的债务。换句话说，这些债务可能在接下来的一年内耗用大量企业现金，企业必须有充足的流动资产与之对应。最典型的流动负债包括短期借款、应付账款、应付职工薪酬、应付税费、预收账款（企业必须在短期内向客户提供产品，产品则属于流动资产范畴，不过预收货款越多，越能说明企业在市场竞争中处于优势地位，前面讲的贵州茅台的资产负债表中就有 144.29 亿元的预收账款，如图 2-18 所示）等。

短期借款(元)	2017	2016	2015	2014	2013	2012 »
应付账款(元)	9.92亿	10.41亿	8.81亿	7.08亿	2.85亿	3.45亿
预收账款(元)	144.29亿	175.41亿	82.62亿	14.76亿	30.45亿	50.91亿
应付职工薪酬(元)	19.02亿	16.29亿	9.75亿	9.89亿	2.60亿	2.70亿
应交税费(元)	77.26亿	42.72亿	25.16亿	21.05亿	33.12亿	24.30亿
应付利息(元)	[illegible]46万	3448.16万	2740.94万	1536.52万	2738.39万	-
应付股利(元)		-	-	-	-	-
其他应付款(元)	30.40亿	17.25亿	14.23亿	12.32亿	16.05亿	13.90亿

图 2-18　贵州茅台（600519）财务数据表

（2）非流动负债。

非流动负债又称长期负债，是指偿还期在一年或超过一年的一个营业周期以上的债务。非流动负债多是一些需要在未来某个时间点偿还的债务。最典型的非流动负债包括长期借款、应付债券、专项应付款、长期应付款等。

3. 资产负债表中的“所有者权益”

所有者权益，是指企业资产扣除负债后，由所有者享有的剩余权益。公司的所有者权益又称为股东权益。所有者权益是所有者对企业资产的剩余索取权，它是企业资产扣除债权人权益后应由所有者享有的部分。本质上，这部分资产就是企业的净资产。通常情况下，所有者权益越高，说明企业的内在实力越强。所有者权益主要包括实收资本、资本公积、盈余公积、未分配利润等。

（1）实收资本。

实收资本是指企业实际收到的投资人投入的资本。在上市公司财务报表中，更多会以“股本（单位：元）”来体现。目前，大多数上市公司原始股的票面价格为 1 元，也就是说，这家公司共有多少股数，就有多少元的实收资本。例如，截至 2017 年年底，贵州茅台的股数为 12.56 亿股，那么该公司的实收资本就是 12.56 亿元。不过也有例外，比如，紫金矿业股票的票面价格仅为 0.1 元。截至 2017 年年底，紫金矿业的股本数为 230.31 亿股，该公司的实收资本为 23.03 亿元。在选择投资标的时，投资者还要多留意，这些股票的股本总数和股本额情况。

（2）资本公积。

资本公积是指企业在经营过程中，由于接受捐赠、股本溢价以及法定财产重估增值等原因形成的公积金。例如，某个人赠予公司 100 万元，那么这 100 万元就会被计入资本公积。同样，常见的资本公积金还包括上市公司发行股票的溢价款。前面讲过，大多数上市公司的股票票面价格为 1 元，上市时其发行价会远远超过 1 元，那么这部分溢价款会被计入企业的资本公积金。

例如，某公司上市发行股票 2000 万股，发行价格为 10 元，那么，其

资本溢价金 =（10−1）元 ×2000 万 =18000 万元

这 18000 万元就会被计入资本公积金（不考虑其他税费支出）。其实，也正是新股发行过程中会有大量的资本溢价金被计入资本公积，这部分资本公积未来有转增资本（送股）的可能，这也是促成投资者青睐新股的一个原因。

（3）盈余公积。

盈余公积是企业从税后利润中提取形成的、存留于企业内部、具有特定用途的收益积累。它指各种积累资金，包括法定盈余公积、任意盈余公积、法定公益金。通常情况下，企业每年可从净利润中提取 10% 左右的资金作为盈余公积。当企业的盈余公积金规模达到企业注册资本金的 50% 时，可不再继续提取。

这部分盈余公积金可用于弥补亏损或扩大生产经营，也可用于转增资本（有上市公司用盈余公积金转增资本、派送新股）。其实，很多时候财务报表出来后，投资者查看一下各个公司的资本公积金和盈余公积金的情况，就

可以大致了解这家公司有无送股的可能。

（4）未分配利润。

未分配利润是企业留待以后年度分配或待分配的利润。未分配利润一般是企业当年净利润扣除盈余公积后可供给投资者分配的部分。当然，目前很多上市公司不会将全部未分配利润分给投资者，毕竟很多公司都缺钱。

年报出台后，未分配利润越多的企业，分红的概率和额度相对越高。其实，这也是投资者寻找成长股的原因之一。

二、看透企业实力大小——资产负债率

公司规模大小并不能作为选择成长股的依据，有时规模较小的公司，成长空间反而更大。了解企业的实力，更应注重其内在的实力水平，也就是资产的质量。资产负债率指标提供的数值，很大程度上能给投资者参考。

资产负债率又称举债经营比率，是用以衡量企业利用债权人提供的资金进行经营活动的能力，是反映债权人发放贷款安全程度的指标。它将企业的负债总额与资产总额相比较得出，反映在企业全部资产中又称负债比率。同时，资产负债率过高，可能导致企业每年的利息支出增加。特别是一些资产规模较大的企业，若负债率较高，其盈利能力稍有不足，就可能出现每年盈利不抵开支的情况。

资产负债率的计算非常简单，其公式如下：

资产负债率 = 负债总额 / 资产总额 ×100%

下面以表 2-2 中买入必涨有限责任公司的数据为例计算：

资产负债率 =600 万元 /970 万元 ×100%=61.86%

也就是说，这家公司的资产负债率为 61.86%。对多数企业来说，这一数字偏高。资产负债率超过 50%，说明企业的负债总额已经超过所有者权益总额。

一家公司的负债占资产总额的比率越高，说明企业面临的偿债压力越大，需要支付的利息就会越多。不过，不能简单地认为资产负债率低的企业，其

运营情况一定好于资产负债率高的企业。通过借债一方面可以扩大外部资源的利用率，另一方面还能保住企业股东的股权和控制权。换句话说，举债经营是现代企业经营活动中必不可少的一环。

在分析企业的资产负债情况时，投资者不能简单地比较各个企业的资产负债率，要综合考虑以下两个因素。

1. 资产与负债构成

并不是所有的资产都是企业能够用来赚钱的资源，也不是所有的负债都是有利息的。

（1）真实的“资产”。

按照资产的定义，企业总资产就是企业能够用来赚钱的资源。不过，在企业资源中，各项资产的价值往往会与账面价值存在一定出入。

第一，生产制造企业的存货和固定资产（主要是设备资产）。存货属于流动资产，是企业变现能力较强的一类资产。不过，如果企业库存高企，且产品出现滞销，那么这部分资产很可能会出现大量减损，这时账面资产就会高于实际资产。设备资产有时可能出现折旧过快的情况，即设备折旧已经完成，但其仍能正常应用于生产经营。这些设备的价值无法在财务报表中体现，这时企业的实际资产就会高于账面资产。

在房地产开发企业中，同样存在这样的问题。土地使用权是一项重要资产，其价格会经常出现变动（多数会上涨，这也是房地产企业常常囤地的原因），但在房地产企业报表中，很难做出及时变动。也就是说，一家有大量土地储备的房地产企业，其实际价值常常高于它的账面价值。同理，持有大量房产的其他类型企业，也可能存在资产溢价的情况。例如，2016 年联想集团通过卖掉自持的北京房产（售价 1.2 亿美元），将其计入营业利润，直接促使当季净利润大增。

第二，一些品牌价值较高企业的无形资产，也是投资者需要重点关注的项目。由于目前无形资产计价非常困难，很多企业并未将品牌价值计入无形资产，这种品牌价值可能会为企业资产增色很多。

第三，资产中现金占比也是一个重要参考指标。现金占比越高，资产成色越高；反之，若现金较少，则企业的后续发展和偿债能力可能都会存在问题。

（2）有利息的负债。

资产负债率中的负债，也是需要仔细甄别的一个项目。通常情况下，企业负债都是有利息的，也就是说举债越多，利息支出越多。这里有些项目是个例外，如预收账款。当一些企业产品出现供不应求的情况时，为了能获得产品，客户可能会采取预付货款的形式来订货。这些预付货款在资产负债表中构成负债，不过这部分负债不仅不会为企业增加利息支出，反而因其提前进入银行账户，还可能为企业带来一定的利息收入。前面所举的贵州茅台的财务报表中，预收账款就有 144.29 亿元。尽管这些预收款属于负债，但不会给其带来负担。投资者若想了解一家企业的资产负债情况，最好能把这部分数额从负债中剔除。

2. 资产负债率比较分析

经过前面的分析可知，在判断一家企业的资产负债情况时，投资者最好先对属于资产和负债的项目进行查核，然后再大致形成一个资产负债数据。当然，大多数普通投资者无法获得非常精确的数据，只要有一个大致的数据即可，毕竟资产负债率高低没有绝对标准。

在进行资产负债率分析时，还要注意以下两点。

第一，远离资产负债率超过 100% 的上市公司。资产负债率超过 100%，说明企业负债总额已经超过资产总额，即所有者权益为负数（负债 + 所有者权益 = 资产总额）。正常情况下，你花 10 元买入一只某股股票，对应的所有者权益可能为 1 元或 0.5 元，而你花 10 元买入一只资产负债率超过 100% 的股票，对应的所有者权益可能为 –1 元。这种公司本身已经不具有任何投资价值。

第二，行业不同，资产负债率的衡量标准也不同。一般行业的资产负债率在40%~60%区间内属于比较理想的水平，资产负债率太高，利息支出增加，容易给企业发展带来不利影响。资产负债率过低，说明企业没有有效利用外部资源，或利用外部资源的能力不足，没有实现效益最大化。当然，这个衡量指标没有绝对标准。

在房地产行业，往往存在负债高企的现象，有的公司资产负债率达到80%以上。通常来说，这种负债率是很高的。不过，由于房地产公司的土地和房产价格存在相当大的增值空间，负债率高可以理解。当然，还要考虑企业的货币现金情况，若货币现金少，短期借款和一年内到期的长期借款较多，则有资金链断裂的风险。

为了判断企业的资产负债率情况，投资者可以将标的企业的资产负债率数值与行业内的平均水平和龙头企业进行对比。标的企业的资产负债率维持在行业平均水平即可，无需过高或过低。

资产负债率可以作为投资者选择成长股的一个剔除性指标，即从自己的备选标的中剔除那些资产负债率特别高的股票。

三、了解企业运营能力——净资产收益率

净资产收益率又称股东权益报酬率，是净利润与平均股东权益的百分比，是公司税后利润除以净资产得到的百分比率。该指标反映股东权益的收益水平，用以衡量公司运用自有资本的效率。用通俗的话来解释就是，股东的每1元权益（股东投入的资本会因资本公积、利润的变动而发生变化）一年能够带来多少钱的收益。其计算公式如下：

$$净资产收益率 = 净利润 / 净资产 \times 100\%$$

下面以表2-2中的买入必涨有限责任公司数据为例计算：

$$净资产收益率 =32 万元 /370 万元 \times 100\% \approx 8.6\%$$

也就是说，这家公司的净资产收益率约为8.6%。对多数企业来说，这

一数字属于偏低水平。

巴菲特曾经说过，如果只能选择一个指标来衡量公司经营业绩的话，那就选择净资产收益率吧！由此可见他对净资产收益率的重视。事实上，他所选择的标的企业，大多数都是那些净资产收益率超过 20% 的，投资者可以将这一标准活用至 A 股市场。为了选择一只能够持续成长的股票，最好将评估周期设置在 3~5 年。也就是说，倘若过去 3~5 年净资产收益率都能达到 20% 的标准（考虑 A 股市场的特殊性，偶尔略低于 20% 也可以），就属于较佳的成长股。

下面来看一下云南白药的财务数据，如图 2-19 所示。

科目\年度	2016	2015	2014	2013	2012	2011
基本每股收益(元)	2.80	2.66	2.41	3.34	2.28	1.74
净利润(元)	29.20亿	27.71亿	25.06亿	23.21亿	15.83亿	12.11亿
净利润同比增长率	5.38%	10.56%	7.95%	46.66%	30.60%	30.74%
扣非净利润(元)	27.00亿	26.15亿	22.67亿	18.66亿	15.59亿	11.81亿
扣非净利润同比增长率	3.24%	15.37%	21.51%	20.35%	31.95%	27.64%
营业总收入(元)	224.11亿	207.38亿	188.14亿	158.15亿	138.15亿	113.12亿
营业总收入同比增长率	8.06%	10.22%	18.97%	14.47%	20.99%	12.28%
每股净资产(元)	15.10	12.90	10.74	13.00	10.12	8.00
净资产收益率	20.03%	22.43%	24.86%	28.94%	25.16%	24.29%
净资产收益率-摊薄	18.57%	20.63%	22.41%	25.71%	22.52%	21.80%
资产负债比率	35.56%	29.87%	30.88%	29.91%	34.10%	38.89%

图 2-19　云南白药（000538）财务数据图

从图 2-19 可以看出，在过去 6 年时间里，云南白药的净资产收益率都维持在 20% 以上，说明该公司成长情况良好，属于较佳的成长股标的。

下面再来看一下该股的日 K 线走势图，如图 2-20 所示。

从图 2-20 可以看出，自 2014 年 7 月 14 日至 2017 年 10 月 31 日，云南白药的股价从 45.20 元上涨至 109.87 元，上涨了一倍多。由此可见，买入净资产收益率较高的股票，往往会获得较佳的投资收益。

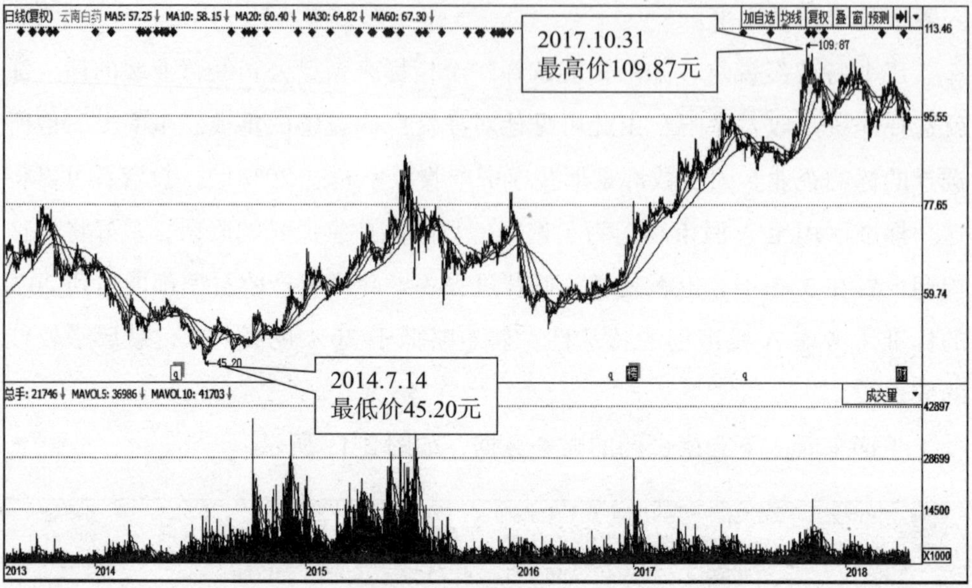

图 2-20　云南白药（000538）日 K 线走势图

投资者可以将净资产收益率作为筛选成长股的一个参考指标，即从上市公司中找出净资产收益率持续在20%以上的股票，作为自己投资的备选标的。

四、分析企业投资价值——市净率

买入某个物品前，肯定要先看看这件物品到底值多少钱。没有人愿意花高价买便宜货。同样，在选择成长股时，投资者也会选择那些价值明显低估、投资价值较高的股票。

市净率指的是每股股价与每股净资产的比率。市净率可以用于分析股票投资。一般来说，市净率较低的股票，投资价值较高；反之，投资价值较低。但在判断投资价值时，还要考虑当时的市场环境以及公司经营情况、盈利能力等因素。其计算公式如下：

市净率 = 每股股价 / 每股净资产

通常情况下，市净率为 1 是一个比较重要的临界点。

市净率小于 1，说明股票的股价低于每股净资产。换句话说，如果这家公司按照净资产值出售，那么按照股价买入该股肯定会盈利。不过，一只股票的市净率低于 1，说明该股的盈利能力存在不足，并未获得市场认可，这类股票可能在相当长的时间内涨幅都十分有限。当然，若是暴涨行情来临，这类股票的价格也会跟着水涨船高。

市净率大于 1，说明相对股票所对应的净资产，当时的股价存在一定的溢价。不过，市场上大多数投资者愿意以高于净资产的价格买入股票，这说明市场认可其价值。

当然，与资产负债率相似，投资者很难直接用市净率来筛选股票。若借助炒股软件直接对市净率从低到高排名，投资者会发现，大量的银行股、钢铁股、能源股都属于低市净率范畴，如图 2-21 所示。

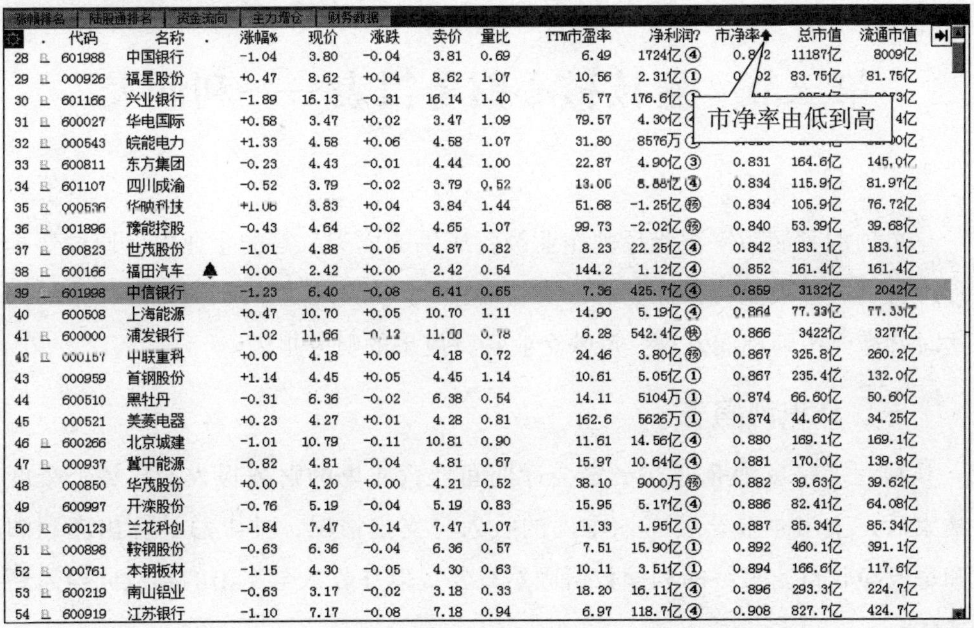

	代码	名称	涨幅%	现价	涨跌	卖价	量比	TTM市盈率	净利润?	市净率	总市值	流通市值
28	601988	中国银行	-1.04	3.80	-0.04	3.81	0.69	6.49	1724亿④	[illegible]	11187亿	8009亿
29	000926	福星股份	+0.47	8.62	+0.04	8.62	1.07	10.56	2.31亿①	[illegible]	83.75亿	81.75亿
30	601166	兴业银行	-1.89	16.13	-0.31	16.14	1.40	5.77	176.6亿[illegible]	[illegible]	[illegible]	[illegible]
31	600027	华电国际	+0.58	3.47	+0.02	3.47	1.09	79.57	4.30亿[illegible]	[illegible]	[illegible]	[illegible]
32	000543	皖能电力	+1.33	4.58	+0.06	4.58	1.07	31.80	8576万[illegible]	[illegible]	[illegible]	[illegible]
33	600811	东方集团	-0.23	4.43	-0.01	4.44	1.00	22.87	4.90亿③	0.831	164.6亿	145.0亿
34	601107	四川成渝	-0.52	3.79	-0.02	3.79	0.52	13.05	8.88亿④	0.834	115.9亿	81.97亿
35	000536	华映科技	+1.06	3.83	+0.04	3.84	1.44	51.68	-1.25亿(预)	0.834	105.9亿	76.72亿
36	001896	豫能控股	-0.43	4.64	-0.02	4.65	1.07	99.73	-2.02亿(预)	0.840	53.39亿	39.68亿
37	600823	世茂股份	-1.01	4.88	-0.05	4.87	0.82	8.23	22.25亿④	0.842	183.1亿	183.1亿
38	600166	福田汽车	+0.00	2.42	+0.00	2.42	0.54	144.2	1.12亿④	0.852	161.4亿	161.4亿
39	601998	中信银行	-1.23	6.40	-0.08	6.41	0.65	7.36	425.7亿④	0.859	3132亿	2042亿
40	600508	上海能源	+0.47	10.70	+0.05	10.70	1.11	14.90	5.19亿④	0.864	77.33亿	77.33亿
41	600000	浦发银行	-1.02	11.66	-0.12	11.00	0.78	6.28	542.4亿(快)	0.866	3422亿	3277亿
42	000157	中联重科	+0.00	4.18	+0.00	4.18	0.72	24.46	3.80亿(预)	0.867	325.8亿	260.2亿
43	000959	首钢股份	+1.14	4.45	+0.05	4.45	1.14	10.61	5.05亿①	0.867	235.4亿	132.0亿
44	600510	黑牡丹	-0.31	6.36	-0.02	6.38	0.54	14.11	5104万①	0.874	66.60亿	50.60亿
45	000521	美菱电器	+0.23	4.27	+0.01	4.28	0.81	162.6	5626万①	0.874	44.60亿	34.25亿
46	600266	北京城建	-1.01	10.79	-0.11	10.81	0.90	11.61	14.56亿④	0.880	169.1亿	169.1亿
47	000937	冀中能源	-0.82	4.81	-0.04	4.81	0.67	15.97	10.64亿④	0.881	170.0亿	139.8亿
48	000850	华茂股份	+0.00	4.20	+0.00	4.21	0.52	38.10	9000万(预)	0.882	39.63亿	39.62亿
49	600997	开滦股份	-0.76	5.19	-0.04	5.19	0.83	15.95	5.17亿④	0.886	82.41亿	64.08亿
50	600123	兰花科创	-1.84	7.47	-0.14	7.47	1.07	11.33	1.95亿①	0.887	85.34亿	85.34亿
51	000898	鞍钢股份	-0.63	6.36	-0.04	6.36	0.57	7.51	15.90亿①	0.892	460.1亿	391.1亿
52	000761	本钢板材	-1.15	4.30	-0.05	4.30	0.63	10.11	3.51亿①	0.894	166.6亿	117.6亿
53	600219	南山铝业	-0.63	3.17	-0.02	3.18	0.33	18.20	16.11亿④	0.896	293.3亿	224.7亿
54	600919	江苏银行	-1.10	7.17	-0.08	7.18	0.94	6.97	118.7亿④	0.908	827.7亿	424.7亿

图 2-21　市净率由低到高排名（2018.4.25）

从图 2-21 可以看出，截到 2018 年 4 月 25 日，A 股市场上出现多只市净率低于 1 的股票。不过，这些股票多是一些占用资产较高的银行股、能源股和钢铁股。这些股票的市净率低于 1，固然有整个股市行情不振的因素，也有自身资产较重，盈利能力不足的原因。反之，若股票市净率较高，一方面有过度炒作的可能，另一方面也说明市场认可其未来的盈利能力。

投资者可以将市净率作为筛选成长股的一个剔除性指标。市场上普遍将 3 倍左右的市净率看作一个比较健康的比率。市净率太高（如超过 10 倍），说明股价偏离股票的内在价值较多，未来有回调的可能。在操作时，投资者可从上市公司中剔除那些市净率超过 10 倍的股票。当然，若大盘出现大幅上涨行情，市净率必然会水涨船高，这时市净率的标准可设定得高一些。当大盘上涨至较高水平，整个市场的市净率都超过 10 倍时，就不再是进场的最佳时机。

第三节　解读核心财务报表——利润表

单独的利润数字很难反映企业经营成果的优劣。有的企业可以通过变卖资产将利润报表做得很漂亮。投资者需要深入了解企业的利润是如何来的，这时就需要用到利润表这一反映企业经营成果的财务报表。

一、认识利润表

利润表是反映企业在一定会计期间经营成果的财务报表。在每个季度结束后，上市企业会公布该季度的收入与支出情况，并汇总计算出净利润和每股净收益。最终的利润数值固然重要，但其收入与支出的构成同样需要关注。

投资者借助【F10】功能，在【财务概况】选项卡内点击【利润表】，就可看到完整的利润表信息，如图 2-22 所示。

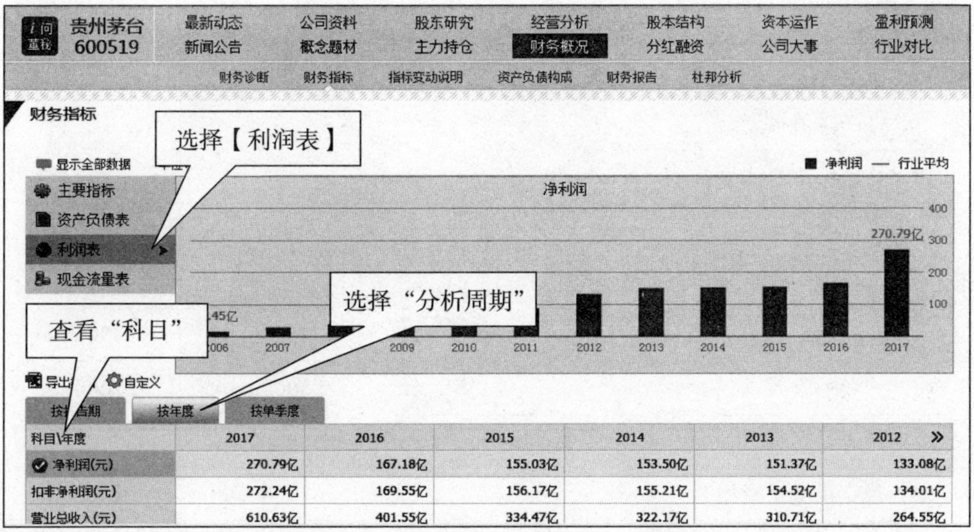

图 2–22 贵州茅台（600519）利润表

如图 2-22 所示，炒股软件中给出的利润表项目都是竖向排列的，并同时给出多个报告周期数据。投资者可以通过各个周期的财务利润数据进行对比，以获得自己想要的信息。为了让读者更容易理解利润表，下面把利润表还原为普通样式。也就是说，通常所说的利润表应该如表 2-3 所示的样子。

表 2-3 利润表

编制单位： 会企 02 表

买入必涨有限责任公司 2018 年 8 月 8 日 单位：元

项目	行次	本期金额	上年同期
一、营业收入	1	1700000.00	800000.00
减：营业成本	2	1300000.00	600000.00
营业税金及附加	3	50000.00	10000.00
销售费用	4	100000.00	35000.00
管理费用	5	50000.00	20000.00
财务费用	6	10000.00	5000.00

续表

项目	行次	本期金额	上年同期
资产减值损失	7		
加：公允价值变动收益	8		
投资收益	9	50000.00	
其中：对联营和合资企业投资收益	10		
二、营业利润	11	240000.00	130000.00
加：营业外收入	12	530000.00	51000.00
减：营业外支出	13	300000.00	30000.00
营业税金及附加	14	70000.00	1000.00
三、利润总额	15	400000.00	150000.00
减：所得税费用	16	80000.00	30000.00
四、净利润	17	320000.00	120000.00

利润表中的项目是按照自上而下排列的，各个项目给出的数值及增减关系一目了然。投资者要特别注意以下 5 个科目。

1. 利润表中的“营业收入”

营业收入指企业从事生产、经营活动取得的收入。这是一个判断企业收入成色的项目。营业收入越高，企业越专注于核心业务，未来可能获得的收入越高。反之，可能因为企业过分关注非主营业务（投资理财、变卖资产等）而导致主营业务不振，影响企业的长期盈利能力。

其实，比营业收入更有效的指标是主营业务收入。主营业务收入更能反映企业核心业务的收入情况，也比营业收入更可靠。不过，从目前上市公司披露的年报中，很难区分出主营业务和非主营业务，毕竟很多上市公司现在都是多元化运作。从专业化运作角度来看，一些专注于某一领域，且在领域内取得明显优势的企业，更应受到关注。

2. 利润表中的“营业成本”

营业成本是用来核算企业因销售商品、提供劳务等日常活动发生的成本。营业成本是与营业收入相对的概念。正常情况下，营业成本必然低于营业收入（没有谁会做赔钱的交易）。通过营业成本与营业收入的比较，投资者能看出企业成本控制情况。

3. 利润表中的“管理费用”

管理费用是指企业行政管理部门为组织和管理生产经营活动发生的各种费用，它是企业运营过程中一种相对稳定的支出。若企业规模没有出现大规模的调整（规模扩大、收购新的企业或裁员等），企业的管理费用应保持一定的稳定性。若某年或季度企业的管理费用出现异常增减，投资者需要仔细研判变化的原因，以及可能给企业收益带来的影响。

4. 利润表中的“销售费用”

销售费用是指企业销售商品和材料、提供劳务过程中发生的各种费用。它包括企业在销售商品过程中发生的保险费、包装费、展览费和广告费、商品维修费、运输费、装卸费，以及为销售本企业商品专设的销售机构（含销售网点、售后服务网点等）的职工薪酬、业务费、折旧费等经营费用。

随着企业对销售策划、广告宣传的日益重视，在企业开支中，广告费等销售费用占的比重越来越大。同时，因企业类型和推广战略不同，销售费用开支的规模和占营业收入的比重也不同。投资者应该研判销售费用与营业收入对比发生的异动。例如，某上市公司的销售费用一直占到营业收入 5% 左右，但某年占到约 10%，这时投资者就要研判发生这种变化的原因，以及未来可能对企业收益带来的影响。

5. 利润表中的“财务费用”

财务费用是指企业为筹集生产经营所需资金等发生的费用。用通俗的话来讲，从别人手里借钱，是要付利息的。同样，从银行或企业金融机构借贷，上市公司也要偿付相当多的利息。通常情况下，企业融资规模越大，利息支出越多，财务费用也越高，这些财务费用会蚕食企业相当一部分盈利。

二、看企业业务能力——营业收入增长率

收入增加可以为企业带来持续的利润。一家公司的规模可以小一点儿，营业收入也可以相对少一些，营业收入增长率却不能小。在这个充满竞争的世界里，小公司只有通过快速发展才能在竞争中取胜。基于此，大多数投资者和分析师都非常重视企业的营业收入增长率。

营业收入增长率是指企业本年营业收入增加额对上年营业收入总额的比率。其计算公式如下：

营业收入增长率 =（当期营业收入总额 – 上期营业收入总额）/ 上期营业收入总额 ×100%

下面以表 2-3 中的买入必涨有限责任公司的数据为例计算：

营业收入增长率 =（170 万元 –80 万元）/80 万元 ×100%=112.5%

也就是说，这家公司的营业收入增长率为 112.5%。对于规模较大的公司来说，这一数字是非常难得的，对于小规模公司来说，只有保持这样的增长率才能确保在竞争中取胜。

查看企业的营业收入增长率，还要关注以下两个因素。

第一，营业收入增长率的持续性和稳定性。

查看标的企业的营业收入增长率，不能单独以某个季度或年度为准，而要对比着看。换句话说，某家公司在某年度取得较佳的营业收入增长率，并不能成为投资这家公司的全部理由，还要看这家公司以前年度的营业收入增长率情况。若能在 3~5 年连续出现增长势头，才是理想的投资标的。

在炒股软件中，一般会给出各家上市公司最近几年的营业收入增长率数据。图 2-23 为贵州茅台的【F10】|【财务概况】|【主要指标】。

从图 2-23 可以看出，尽管贵州茅台的资产规模和营业收入都比较高，但仍连续数年保持较高的增长速度。其实，这也是贵州茅台能维持高股价的原因所在。

科目\年度	2017-12-31	2017-09-30	2017-06-30	2017-03-31	2016-12-31	2016-09-30
基本每股收益(元)	21.56	15.91	8.96	4.87	13.31	9.92
净利润(元)	270.79亿	199.84亿	[illegible]	61.23亿	167.18亿	124.66亿
净利润同比增长率	61.97%	60.31%	[illegible]	25.24%	7.84%	9.11%
扣非净利润(元)	272.24亿	200.87亿	[illegible]	61.48亿	169.55亿	125.45亿
扣非净利润同比增长率	60.57%	60.12%	28.20%	25.83%	8.57%	8.90%
营业总收入(元)	610.63亿	444.87亿	254.94亿	139.13亿	401.55亿	275.33亿
营业总收入同比增长率	52.07%	61.58%	36.06%	35.73%	20.06%	16.00%
每股净资产(元)	72.80	67.15	60.20	62.90	58.03	54.64

图 2–23　贵州茅台（600519）的营业收入增长率数据

有些上市公司在某年度的销售收入增长率可能出现爆炸性增长，但随后归于平淡，甚至出现负增长。在选择成长股时，应尽量避免选择这种无法实现稳定增长的企业股票。

第二，注重同行业横向比较。

每个行业都有各自的特点。有的行业属于新兴的朝阳产业，其发展速度普遍较快。有些行业处于传统行业，其发展速度可能相对缓慢一些。在选择股票时，投资者需要注重横向对比，了解标的企业在整个行业中处于何种位置。比如，某行业的平均营业收入增长率为 20%，而标的企业可以超过 30%，这类企业就是比较理想的候选标的，反之很难将其列为备选对象。

三、看企业发展质量——销售毛利率

销售毛利率是销售毛利与销售收入（或营业收入）的百分比。其中，销售毛利是收入和与收入对应的营业成本之间的差额。其计算公式如下：

销售毛利率 =（营业收入 – 营业成本）/ 营业收入 ×100%

销售毛利率反映一件产品在企业内部运转过程中所获得的增值情况。通常情况下，一个企业的销售毛利率越高，说明企业的生产环节对产品的增值越多。从某种意义上来说，设计创新的环节较多、与同业竞争对手存在明显差异化的公司，销售毛利率往往会越高。比如，相比竞争对手而言，苹果公司的产品往往具有更高的毛利率。

下面以表 2-3 中的买入必涨有限责任公司的数据为例计算：

销售毛利率 =（170 万元 –130 万元）/170 万元 ×100%=23.52%

23.52% 的数字，在生产制造行业属于较高的毛利率。不过，若换到计算机软件行业或拥有高附加值的行业，可能就属于较低水平。在炒股软件中，一般会给出各家上市公司最近几年的毛利率数据。图 2-24 为贵州茅台的【F10】|【财务概况】|【主要指标】。

净资产收益率-摊薄	2017	2016	2015	2014	2013	2012
资产负债比率	28.67%	32.79%	23.25%	16.03%	20.42%	21.21%
每股资本公积金(元)	1.09	1.09	1.09	1.20	1.32	1.32
每股未分配利润(元)	63.69	49.93	43.69	[illegible]	34.65	27.64
每股经营现金流(元)	17.64	29.81	13.88	11.06	12.19	11.48
销售毛利率	89.80%	91.23%	92.23%	92.59%	92.90%	92.27%
存货周转率	0.28	0.18	0.15	0.17	0.20	0.24
销售净利率	49.82%	46.14%	50.38%	51.53%	51.63%	52.95%

图 2–24　贵州茅台（600519）的毛利率数据

从图 2-24 可以看出，贵州茅台的毛利率是非常可观的。作为一家酒类生产的企业，其毛利率甚至高于软件企业（这类企业的管理费用通常比较高），可见生产酒类的企业特别是拥有绝对品牌优势的酒类企业，具有远超其他行业企业的获利能力。

影响企业毛利率的因素一般包括这样 3 个方面。

第一，内部成本支出情况。企业内部的研发成本、原材料成本等直接决定企业营业成本的数额。研发成本越高，给企业带来的收益可能越高，而原材料成本高企，可能会伤害企业的毛利乃至净利水平。研发成本占营业收入的比重，被看成企业未来成长性的重要指标。不过，上市公司的财报中大多数不会披露研发成本数额，投资者获取这一指标数值，恐怕需要另找途径。

第二，品牌优势。品牌会对产品售价有一定的加成，加成的比例视企业的品牌影响力而定。贵州茅台、苹果等超级品牌对售价的加成力度相当大，而一般性品牌则没有这种加成效果。

第三，外部竞争情况。企业面临的竞争环境，外部竞争对手采取的价格策略，可能会直接影响企业的产品售价，进而对营业收入产生直接影响，这也会拉低企业的毛利率。

第四节　解读核心财务报表——现金流量表

在资本运作日益普遍的今天，企业账面收入与利润未必能真正兑现，或未必能即时兑现。例如，有的企业销售了一批货物，但暂时没有获得回款，资产负债表中会以流动资产——应收账款的形式体现，而当期能不能真的把钱收回来就不一定了。也就是说，资产负债表是以权责发生制为基础编制的，即只要有交易产生，就会在报表中体现。现金流量表则完全不同，它是以收付实现制为基础编制的，是对资金流动的记录。现金流量表与交易发生的时间无关，不管交易何时发生，只要现金在当期流入，就可以计入当期现金流量表。

一、认识现金流量表

现金流量表是以现金为基础编制的，反映企业一定会计期间内，经营活动、投资活动和筹资活动等对现金及现金等价物产生影响的会计报表。它本质上是一张反映企业现金流入与流出的报表。

每季度结束后，上市公司会公开本季度的现金流量表。投资者可借助【F10】功能，在【财务概况】选项卡内，点击【现金流量表】查看完整的现金流量表信息，如图 2-25 所示。

图 2-25　贵州茅台（600519）现金流量表

如图 2-25 所示，炒股软件中给出的现金流量表项目都是竖向排列的，并同时给出多个报告周期数据。投资者可通过各个周期的现金流入与流出数据进行对比，以获得自己想要的信息。

为了让读者更容易理解现金流量表，下面把现金流量表还原为普通样式。也就是说，通常所说的现金流量表应该如表 2-4 所示的样子。

表 2-4　现金流量表

编制单位：　　　　　　　　　　　　　　　　　　　　　　会企 03 表
买入必涨有限责任公司　　　　　2018 年 8 月 8 日　　　　　单位：元

行次	项目	本期金额	其他说明
1	一、经营活动产生的现金流量		
2	销售商品、提供劳务收到的现金	1797000.00	
3	收到的税费返还		
4	收到的其他与经营活动有关的现金		
5	经营活动现金流入小计	1797000.00	

续表

行次	项目	本期金额	其他说明
6	购买商品、接受劳务支付的现金	1000000.00	
7	支付职工及为职工支付的现金	450000.00	
8	支付的各项税费	150000.00	
9	支付的与经营活动有关的现金		
10	经营活动现金流出小计	1600000.00	
11	经营活动产生的现金净额	197000.00	
12	二、投资活动产生的现金流量		
13	收回投资收到的现金		
14	取得投资收益收到的现金	50000.00	
15	处置固定资产、无形资产和其他长期资产收回的现金净额		
16	处置子公司或其他营业单位取得的现金	1900000.00	
17	收到其他与投资活动有关的现金		
18	投资活动现金流入小计	1950000.00	
19	投资支付的现金		
20	取得子公司或其他营业单位支付的现金	727000.00	
21	购买固定资产、无形资产和其他长期资产支付的现金净额	500000.00	
22	支付其他与投资活动有关的现金		
23	投资活动现金流出小计	1227000.00	
24	投资活动产生的现金净额	723000.00	
25	三、筹资活动产生的现金流量		
26	吸收投资收到的现金		
27	取得借款收到的现金	800000.00	
28	收到的其他与筹资活动有关的现金	200000.00	
29	筹资活动现金流入小计	1000000.00	
30	偿还债务支付的现金	490000.00	

续表

行次	项目	本期金额	其他说明
31	分配股息、红利或偿付利息支付的现金	10000.00	
32	支付的其他与筹资活动有关的现金	300000.00	
33	筹资活动现金流出小计	800000.00	
34	筹资活动产生的现金净额	200000.00	
35	四、汇率变动对现金及现金等价物的影响	——	
36	五、现金及现金等价物净增加额	1120000.00	
37	加：期初现金及现金等价物余额	880000.00	
38	六、期末现金及现金等价物余额	2000000.00	

现金流量表中的项目是按照引起现金流量变动的原因自上而下排列的，各个项目给出的数值及增减关系一目了然。现金流量表主体由经营获得产生的现金流量、投资活动产生的现金流量和融资活动产生的现金流量三部分构成。其中，投资者要特别注意以下 3 个科目。

1. 现金流量表中的“销售商品、提供劳务收到的现金”

该项目反映的是当期因销售商品、提供劳务收到的现金。这里有两层含义：其一，因销售商品、提供劳务而形成的。企业其他业务形成的收入不能列入本项目。其二，当期收到的现金。该现金是当期收回到账的。即使当期已经签订销售合同、开具发票，但现金没有到账，仍然不能列入当期数据；反之，即使前几期形成的收入当期到账，也要列为当期收入。

企业实际收到现金的能力，反映企业在市场竞争中所处的位置（优势越明显，收到现金的能力就越强）及商业信誉情况（信誉好则获得投资和融资现金也多）。总之，企业实际收到现金的能力，是企业整体盈利能力的一部分。

企业在销售货物或提供劳务活动时，由于多有欠款或预收账款，使得该项目的金额总会与利润表中的营业收入存在一定出入，投资者不必过于纠结两者之间的差异。

2. 现金流量表中的“收到的其他与经营活动有关的现金”

该科目作为企业“销售货物、提供劳务收到的现金”的补充，是一个需要投资者特别注意的科目。为了粉饰现金流量表，很多企业会在这个科目上做文章，给投资者一种经营现金流充裕的假象。很多炒股软件抓取的财务数据项目中，并没有“收到的其他与经营活动有关的现金”，投资者可通过查看上市公司财务报告了解具体数字。同时，还要知道这些现金来源是不是企业为了粉饰报表而暂时引入的现金。

这里提醒投资者注意：尽管炒股软件给出了各家上市公司大部分财务指标和指标变动的解释，但毕竟不是完整的财务报告。投资者要想对企业财务情况进行全方位的了解，还是要看一看这些企业完整的财务报告，当然，还有会计师事务所和相关董事出具的意见。若某公司财务报告被会计师事务所出具“无法发表意见”“保留意见”等，则这类企业不应成为成长股的备选标的。

3. 现金流量表中的“经营活动产生的现金净额”

这是整个现金流量表中最重要的一个科目。经营活动产生的现金净额为正值，说明经营活动产生的现金流入量大于现金流出量；反之，则说明经营活动产生的现金流入量小于现金流出量。通常情况下，一家正常经营的企业，其经营活动产生的现金净额应该是正值。只有经营活动产生的现金净额为正值，才能满足企业支付股息、利息、投资等需求。若企业经营活动产生的现金净额长期为负值，则企业必须采取扩大举债规模、削减投资规模、动用盈余积累等措施，这都可能导致企业未来盈利能力不足，也说明企业的经营状况不理想，这类企业很难成为成长股的候选标的。

二、经营现金流成长情况

现金流是企业的血液。在三股现金流中，经营现金流最为重要。经营现金流净额是直接反映企业血液增减的一个指标。现金净额持续流出，就如同一个人连续失血；反之，则说明一个人相对健康。

企业营业收入与支出的变动，应收账款的提前或延期，都可能对现金流量表中的经营现金流量净额产生一定影响。在分析企业现金流情况时，要重点关注现金流的稳定与可持续性，而非单纯的增加或减少。

下面来看一下贵州茅台历年的经营现金流量净额情况，如图 2-26 所示。

科目\年度	2017	2016	2015	2014	2013	2012
销售商品、提供劳务收到的现金(元)	644.21亿	610.13亿	370.83亿	333.85亿	332.34亿	289.12亿
收到的税费与返还(元)	–	–	–	–	–	–
支付的各项税费(元)	230.66亿	175.11亿	140.03亿	144.96亿	125.33亿	101.71亿
支付给职工以及为职工支付的现金(元)	54.90亿	46.74亿	45.37亿	33.94亿	31.36亿	29.54亿
经营现金流入(元)	673.69亿	672.79亿	[illegible]	[illegible]	367.13亿	293.00亿
经营现金流出(元)	452.16亿	298.28亿	[illegible]	228.55亿	240.58亿	173.79亿
经营现金流量净额(元)	221.53亿	374.51亿	174.36亿	126.33亿	126.55亿	119.21亿

经营现金流量净额

图 2-26 贵州茅台（600519）现金流量表

从图 2-26 可以看出，贵州茅台的经营现金流量净额基本呈现稳步上升态势，除了 2016 年出现大幅上升后在 2017 年出现回调。正常情况下，随着企业经营收入的增加，经营现金流势必随之出现增加。当然，增加幅度不一定与经营收入增加的比例一致（其中应收账款的回款时间可能对其产生一定影响）。换句话说，一家处于高速成长期的企业，其经营现金流量净额应保持稳定增长态势，只有这样才能保证企业日益增加的资金需求（企业规模扩张、人力增加、利息股息增加等）。

对于企业经营现金流量情况，要尽量站在一个较长的周期来看。某段时间，企业采用削减开支的方法会促使短期现金流量大幅增加，却可能伤害企业的长远发展。例如，企业通过削减业务开支的方法以换取当期现金流量净额强劲增加，却可能导致下期经营现金流入量大幅减少。

三、净利润现金含量

资产负债表是以权责发生制为基础编制的，现金流量表则是以收付实现制为基础编制的，两者之间不可避免会有一些差异。比如，有些企业可能会出现净利润很高，经营现金流却为负值的情况。前面已经介绍过，当企业的经营现金流持续为负值时，企业很可能会陷入经营困难的境地。为了能看清企业的净利润中包含多少因经营活动产生的现金，投资者可借助净利润现金含量指标进行分析。

净利润现金含量是生产经营中产生的现金净流量与净利润的比值。该指标越高越好，指标值高表明销售回款能力较强，成本费用低，财务压力小。其计算公式如下：

净利润现金含量 = 经营现金净流量 / 净利润

下面以表 2-4 中的买入必涨有限责任公司数据为例计算：

净利润现金含量 =19.7 万元 /32 万元≈ 0.616

也就是说，这家公司的净利润现金含量约为 0.616。

下面再来看一下净利润现金含量的交易含义。

第一，净利润现金含量大于或等于 1。这是一种非常完美的状态，说明企业在市场上具有较强的竞争力，能将账面利润全部转化为现金。

第二，净利润现金含量小于 1。这种情况说明企业的经营现金净流量低于净利润。若此状态持续一段时间，说明企业很多应收账款可能无法收回，企业真实利润水平远低于账面数值。

第三，净利润现金含量为正值，但净利润和经营现金净流量全部为负值。这说明企业经营遇到较大困难，若这种情况不改善，企业未来可能难以经营下去。

第四，净利润现金含量为负值，且经营现金净流量为负值。这说明企业经营状况不佳，在某方面的支出可能失去控制。例如，很多以广告投放拉动销售业绩的公司，可能在某年度投放大量广告，使得企业经营支出巨大，同期营业收入却没有获得与之相符的现金流入量（如企业将存货投放至渠道中，并未取得回款）。出现这种情况，意味着企业存在资金链断裂的风险，投资者必须谨慎对待。

本章从财务角度对成长股进行解析，目的是帮助投资者透过财务维度查找哪些股票是成长股投资标的。这并不是说，所有财务指标都出色的股票才是最理想的标的，本章介绍的指标，旨在帮助投资者从候选股票中剔除那些明显在财务方面不达标的候选标的。当然，投资者也可从本章介绍的这些财务指标中选择几个作为自己的主评价指标。总之，这些指标没有哪个是最好或最合适的，只有适合自己的才是最好的。

第三章

四维透析成长股——独一无二的企业

投资的关键在于确定一家指定公司的竞争优势，尤为重要的是确定这种优势的持续期。

——沃伦·巴菲特

企业靓丽财报的背后，必然有强劲的竞争优势作为支撑。没有竞争优势的企业，很难在市场竞争中生存和发展。成长型企业是那些具有显著竞争优势，且这种竞争优势在未来一段时间能够保持的企业。

第一节　选择具有显著竞争优势的企业

具有显著竞争优势的企业，通常是过去建立起来的、与其他同类企业相比具有明显竞争优势的企业。这些企业具有的竞争优势必须是其他企业不具备的，不可与之比拟的。比如，这些企业具有特许经营权。拥有这种竞争优势的企业，相当于掌握了非对称打击力量，在与竞争对手竞争时获胜把握更大。这种竞争优势可以是某种技术，也可以是品牌或产品配方。

关于特许经营权，巴菲特 1991 年致股东的信中给出了清晰定义：“有市场特许经营权的产品和服务具有以下特质：它被人们需要或渴求；消费者认为找不到其他替代品；不受价格管控的约束。企业是否存在以上 3 个特质，可以从企业能否定期且自由地对其产品与服务定价，从而可以赚取较高的资本回报上看出来。此外，特许事业能够容忍不当的管理。低能的经理人尽管会降低特许事业的获利能力，但不会对其造成致命伤害。”在 A 股市场上拥有国家级绝密配方的云南白药、片仔癀，无疑属于拥有特许经营权的典型企业。

通常情况下，特许经营权都能给企业带来相当大的利润。不过，并不是每个拥有特许经营权的企业，其股价都会不断走高，投资者还要关注以下 3 点。

第一，特许经营权的可持续期。有些特许经营权可能会一直存在，有些特许经营权则有一定的期限。这就如同专利保护期一样，一旦企业持有的特许经营权到期，那么企业的高回报就无法持续。

第二，特许经营权的价值大小。有些企业的特许经营权所获的收益相对较小，而企业支出可能很大，对投资者而言，这种特许经营权就要大打折扣。例如，很多经营高速公路的上市公司，理论上拥有较佳的特许经营权，但这种特许经营权所获得的收益，不得不去支付大量的人工成本（收费员工资）、公路贷款以及公路维护费用等，这就使特许经营权的价值打了折扣。

第三，内部成本控制水平。特许经营权可以为企业带来丰厚的回报，但企业形成的利润除了收入项目外，还有成本与支出项目。若企业内部成本控制做得不到位，仍有可能出现手握特许经营权却连年效益不佳的情况。

下面来看一下云南白药的案例。

云南白药集团股份有限公司，是一家主要经营化学原料药、化学药制剂、中成药、中药材、生物制品的公司。该公司生产的云南白药系列产品，不仅在国内外市场享有广泛声誉，而且云南白药的配方更是受到国家绝对保护。在市场上很难找到云南白药的替代品，而且消费者对其价格的敏感度也不高，即使产品提价，消费者也会购买这一产品，这就使得云南白药系列产品具有特许经营权的典型特征。

从云南白药的财务报表中可以看出，近年来，该公司的净资产收益率均维持在 20% 水平，说明该股成长性良好。

再来看一下该股的日 K 线走势图，如图 3-1 所示。

如图 3-1 所示，云南白药的股价在其上市后一直呈震荡上升状态。该股股价每次创下一个新高，一段时间后都会有回调动作，其后再度创出新高，如此往复。从 2014 年 7 月 14 日至 2018 年 5 月 8 日，该股股价由 45.20 元上涨到 111.01 元，翻了两倍多。

在 A 股市场上，特许经营权主要表现为拥有高技术壁垒、垄断性优势以及强大的品牌优势等。

一、拥有高技术壁垒

拥有高技术壁垒的企业，是指通过掌握较为尖端的、其他企业没有掌握

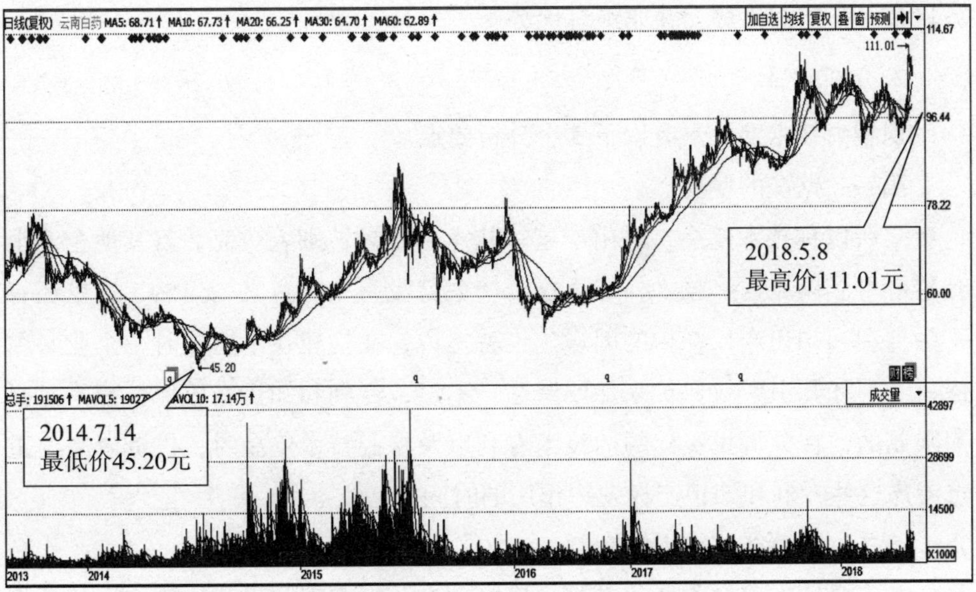

图 3-1　云南白药（000538）日 K 线走势图

的技术的企业。这些尖端技术是其他企业无法掌握或短期内无法掌握的。

1. 技术壁垒的类别

拥有高技术壁垒的企业包括以下 3 类。

第一，独家掌握某种核心技术。企业掌握的技术是其他企业没有掌握，或者短期内无法突破的技术，这类企业拥有最强的技术壁垒。在其他企业突破这项技术前，拥有高科技壁垒的企业将会独享这类技术带来的巨大收益。

第二，拥有核心技术的几家企业中的一员。这类企业在 A 股市场上比较多，投资者需要识别该企业在这几家企业中的技术实力情况，以及竞争对手、客户应用该技术的情况。若其他企业都属于国外企业，只有这家企业是国内企业，那么它很容易独享该技术在国内市场带来的收益。

第三，众多拥有某项核心技术企业中的一家。对这类企业而言，高技术壁垒的作用已经不明显，企业要想获得更多利益，必须不断扩展市场，与竞争对手周旋，方可赢得市场，赢得客户。也就是说，这类企业具有的竞争优势只是一种相对优势，并非绝对优势。

2. 分析要点

识别高技术壁垒具有以下 3 个分析要点。

第一，壁垒的厚度。

之所以称技术壁垒，是由于这一技术不容易被别人攻克。若其他企业很容易就可以攻克这一技术，那么这个壁垒就没有太大意义。当然，这里还有一些专利和知识产权保护的因素。也就是说，在构建技术壁垒时，企业必须依托专利和知识产权保护来加厚壁垒。不过，专利和知识产权保护都是有时间限制的，在分析投资标的的技术专利以及核心技术壁垒时，投资者需要重点考虑这些专利和知识产权发挥作用的时间。

第二，壁垒能够带来的利益。

并不是所有壁垒都能给其带来巨额利润，只有那些经济价值较高的技术壁垒，才能为企业赢得竞争，赢得利润。同时，在选择成长股时，投资者还要识别这些技术壁垒带来的收益是当下的还是预期的。若是预期的，那么需要多长时间兑现。通常情况下，只有短期内能够兑现的才是真实的。

不过，在股市中，很多短线资金都热衷于炒作预期概念。在概念未兑现时，往往会被轮番炒作，股价暴涨；概念兑现时，这些资金就会提前退场。在选择成长股时，投资者往往都立足长线持股，这就要尽量避免落入短线炒作资金的圈套。

第三，技术的可替代性。

没有永远不过时的技术。目前，第四次工业革命刚刚启动，许多行业都可能面临革命性变革。很多在今天看来属于非常前端的技术，明天就有可能被淘汰。选择成长股时，投资者要考虑这些企业掌握的核心技术有无被替代的可能。

下面来看一下万华化学的案例。

万华化学集团是世界上掌握异氰酸酯（MDI）生产核心技术的 6 家企业之一，国内唯一能生产 MDI 的企业。技术壁垒确立公司在 MDI 市场上的垄断地位，国内市场占有率达 30%。最近几年，万华化学的净资产收益率平均值在 20% 以上，特别是 2017 年更是超过 50%，说明该公司经营状况良好。

下面再来看一下万华化学的日 K 线走势图，如图 3-2 所示。

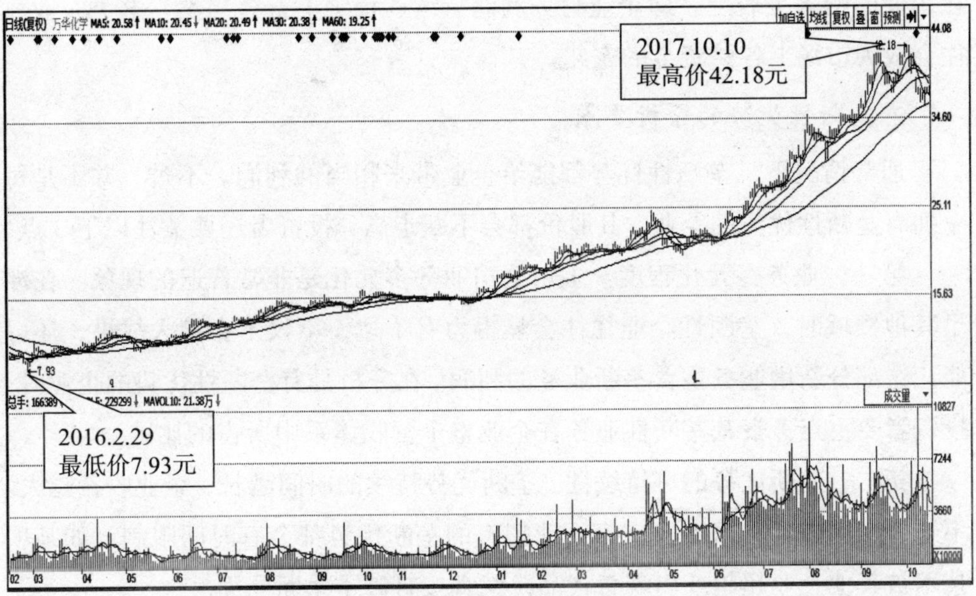

图 3-2　万华化学（600309）日 K 线走势图

从图 3-2 可以看出，自 2016 年 2 月 29 日至 2017 年 10 月 10 日，万华化学的股价由 7.93 元上涨到 42.18 元，翻了 5 倍多。由此可见，市场上具有高度成长性的股票非常容易受到资金青睐。

二、垄断性优势

垄断性优势有时会与高技术壁垒、品牌优势重合，是一种绝对的竞争优势。若市场上只有一家企业能给消费者提供所需的商品，那么这家企业就拥有绝对的垄断性优势。

1. 垄断性优势的特征

垄断性优势具有如下 3 个特征。

第一，作为市场上某种商品的唯一供应商，消费者并没有过多的选择。

第二，消费者愿意为其商品支付相应的价格。

第三，市场上没有较好的替代品。

具有垄断性优势的企业往往具有以上 3 个特征。这种垄断性优势会体现在企业的财务报表上，即企业财务利润持续、稳定上升。当然，这类企业往往会成为市场上各路资金的宠儿。

2. 垄断性优势的分析要点

通常情况下，垄断性优势都能给企业带来相当的利润。不过，并不是每个拥有垄断性优势的企业，其股价都会不断走高，投资者还要关注以下 3 点。

第一，业务多元化程度。上市公司业务多元化是非常普遍的现象。在涉足其他领域时，垄断性企业往往会显得力有不逮，不仅不会扩大战果，还可能让这部分新增业务蚕食垄断业务的利润。在分析具有垄断性优势的企业时，投资者要重点考察其垄断性业务在企业整个营收体系中所占的比重。

第二，垄断优势的可持续性。垄断优势持续的时间越长，企业收益越大。不过，从历史经验来看，一家企业拥有的垄断优势都会有时间限制，如某项技术被其他企业超越或出现替代品，就直接打破了垄断局面。

第三，内部成本控制水平。垄断优势可以为企业带来丰厚的回报，但企业利润的形成除了收入项目外，还要看成本与支出项目的情况。若企业内部成本控制做得不到位，仍有可能出现手握垄断优势却连年效益不佳的情况。

下面来看一下长春高新的案例。

长春高新技术产业（集团）股份有限公司是一家以经营生物医药、健康产业为主，房地产开发为辅的公司。该公司的重组人生长激素系列产品占据很大的市场份额，特别是水针剂和长效生长激素直接垄断市场，生长激素产品的垄断性优势为该企业带来巨大的利润。

从长春高新的财务报表中可以看出，近几年来，该公司的净资产收益率和营业收入增长率都维持在 20% 左右，说明该股成长性良好。

再来看一下该股的日 K 线走势图，如图 3-3 所示。

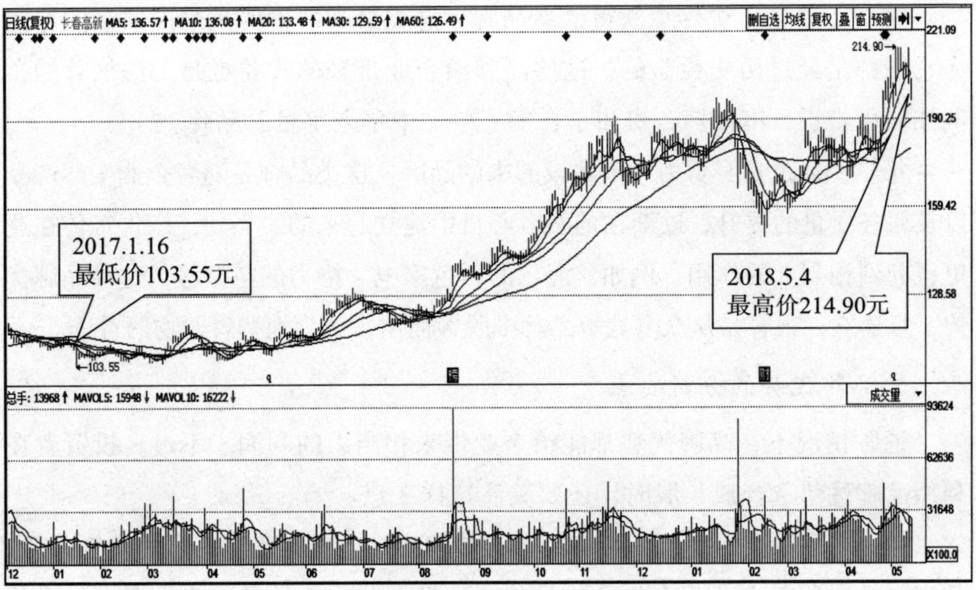

图 3-3　长春高新（000661）日 K 线走势图

如图 3-3 所示，长春高新的股价在其上市后一直呈震荡上升状态。该股股价每次创下一个新高，一段时间后都会有回调动作，其后再度创出新高，如此往复。从 2017 年 1 月 16 日至 2018 年 5 月 4 日，该股股价由 103.55 元上涨至 214.90 元，股价翻了 1 倍多。由此可见，对投资者来说，选择一只成长股往往会有较丰厚的回报。

三、强大的品牌优势

品牌优势是企业诸多优势中最重要的一种，强势品牌可以轻松占领消费者的心智资源。当消费者购买商品时，这些强势品牌理所当然地成为首选。例如，当你想要购买高档白酒时，自然会想到茅台、五粮液，购买家用电器可能会想到海尔、格力。若一家企业能在某细分领域建立强大的品牌优势，则会收获丰厚的超额利润。

1. 品牌优势的类别

拥有品牌优势的企业包括这样两类。

第一，通过历史传承获得的老品牌。这类品牌的价值是难以估量的，因为它们都是经过历史检验的，这些品牌给企业带来的收益也是无法估算的，例如同仁堂、云南白药、贵州茅台等一些“中华老字号”品牌。

第二，通过自身努力逐渐建设起来的品牌。这类品牌是随着企业生产产品以及服务质量的提升，逐渐在消费者心目中建立起来的。当然，广告宣传在这里也起到相当大的作用。例如，海尔的白色家电、格力的空调等，这种品牌优势一旦建立，很容易从众多竞争品牌中脱颖而出，成为消费者购物的首选。

2. 品牌优势的分析要点

通常情况下，品牌优势都能给企业带来相当大的利润。不过，投资者在利用品牌优势选择成长股时，还要关注这样 3 点。

第一，品牌强势程度。只有品牌强势程度高，才能赢得更多的超额收益。其实，几乎所有企业都有自己的品牌，而且有些企业的品牌确实存在较高的知名度和美誉度，但这与具有品牌优势的企业存在明显差别。具有品牌优势的企业，是可以单凭品牌赚钱的，也就是说，消费者一见到该品牌就会无条件接受。

第二，品牌的维护情况。具有品牌优势的企业，如同一个有良好信誉的人。个人的行为举止可能会使自己的信誉加分或减分，企业也一样。若企业对自己的品牌保护不力，甚至为了短期利益对品牌不加限制地滥用，或授权给其他组织使用，都可能削弱品牌价值。也就是说，在选择企业时，投资者不仅要看其是否具有品牌优势，还要看其品牌的维护情况。

第三，内部成本控制水平。与具有其他优势的企业相同，具有品牌优势的企业也需要注意企业的内部成本控制。若企业内部成本控制做得不到位，仍有可能出现手握品牌优势却连年效益不佳的情况。

下面来看一下贵州茅台的案例。

贵州茅台酒股份有限公司，是一家主要经营贵州茅台酒系列产品的公司。该公司的贵州茅台酒系列产品在市场上享有很高的声誉，其生产的茅台酒属于世界三大名酒之一，拥有很高的品牌知名度和美誉度。该企业的产品属于稀缺型消费品，对下游经销商具有很强的议价能力，而且经常出现供不应求的情况。基于强大的品牌优势，该公司的经营效益极佳，净资产收益率连年走高，销售毛利率能够达到90%。可以预见，未来该股仍具有较佳的成长性。

再来看一下该股的日K线走势图，如图3-4所示。

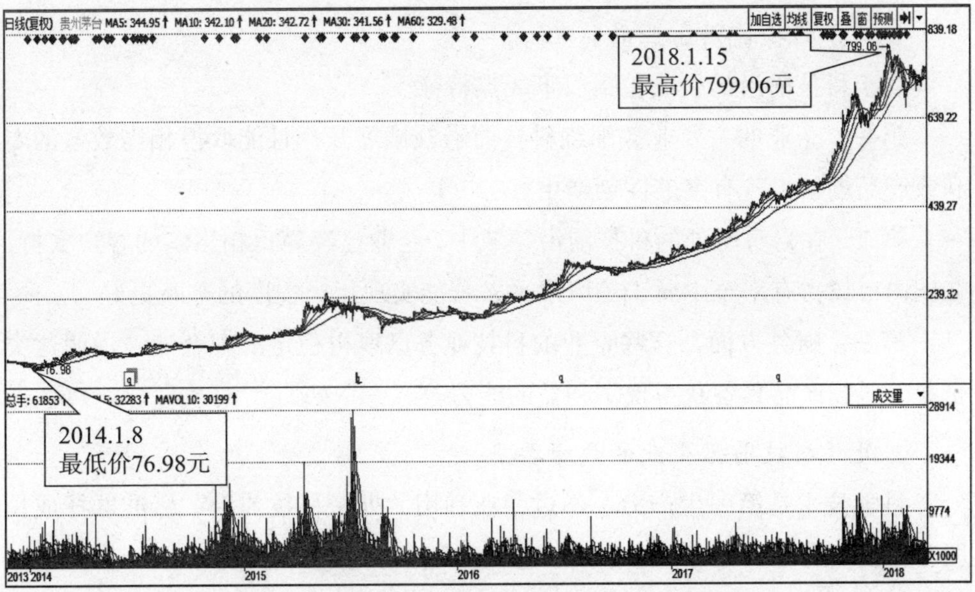

图3-4　贵州茅台（600519）日K线走势图

从图3-4可以看出，自2014年1月8日至2018年1月15日，贵州茅台的股价由76.98元上涨到799.06元，股价翻了10倍多。由此可见，市场上具有高度成长性的股票非常容易受到资金青睐。

第二节　选择具有持续盈利潜力的企业

世界经济形势在不断地发生变化，只有那些内部控制能力、研判能力或外部销售能力较强的企业，才能始终保持一定的盈利规模。

下面介绍的 3 类企业，往往具有较佳的获利能力。

一、处于科技前沿的企业

新一轮科技革命方兴未艾，各领域的变革有日趋融合的趋势，这为处于科技前沿的企业提供了千载难逢的突破与创新良机。

1. 处于科技前沿企业的特征

处于科技前沿的企业包括以下 3 点特征。

第一，企业的主要业务围绕科技前沿领域展开，且能取得相当数量的专利或产品创新，若有突破性创新更好。

第二，在自身所处的科技前沿领域中，企业已经赢得相当多的客户支持，在国内市场占有率至少属于三甲水平，若能实现相当程度的垄断更好。

第三，财务方面，这些企业的科技业务已取得稳定的现金流，说明这类企业的科技产品具备获得现实利益的能力。

2. 处于科技前沿企业的分析要点

科学技术是第一生产力。不过，在利用“处于科技前沿”标准选择成长股时，投资者还要注意以下 3 点。

第一，在炒股软件分类中，可能很多公司都会从属于某一高科技或前沿科技板块，但能真正利用该科技获利，或将该科技作为企业核心竞争力的企业，其实并不多。投资者需要根据企业的营业收入构成，仔细研判这些前沿科技给其带来的实际好处。

第二，创新是前沿科技企业得以生存的关键。特别是在与国际知名企业的竞争中，只有拥有创新基因的企业，才能赢得这场科技竞争。换句话说，投资者选择的科技前沿企业，无论科技实力还是技术水平，必须在国内外同类企业中位居前列。

第三，技术的可替代性。没有永远不过时的技术。目前，第四次工业革命刚刚启动，许多行业都面临革命性变革。很多今天看来属于非常前端的技术，明天就有可能被淘汰。选择成长股时，投资者要考虑这些企业掌握的核心技术有无被替代的可能。这些前沿科技领域的企业，往往处在最有可能被颠覆的领域。

下面来看一下大族激光的案例。

大族激光科技产业集团股份有限公司，是一家主要从事激光加工设备的研发、生产和销售，以及 PCB、光伏、LED 封装等专用设备的研发、生产和销售的公司。该公司是中国激光装备行业的领军企业，也是目前亚洲最大、世界知名的激光加工设备生产厂商。该公司主导产品激光加工设备的核心技术是激光技术，被《国家中长期科学和技术发展规划纲要（2006—2020 年）》列为我国未来 15 年重点发展的前沿技术之一。

从大族激光的财务报告中可以看出，过去几年，该公司的净资产收益率全部在 15% 以上。鉴于该公司所处的高科技行业特征，可以预见，在未来数年内，该公司仍将保持较高的增长速度。

下面来看一下该股的日 K 线走势图，如图 3-5 所示。

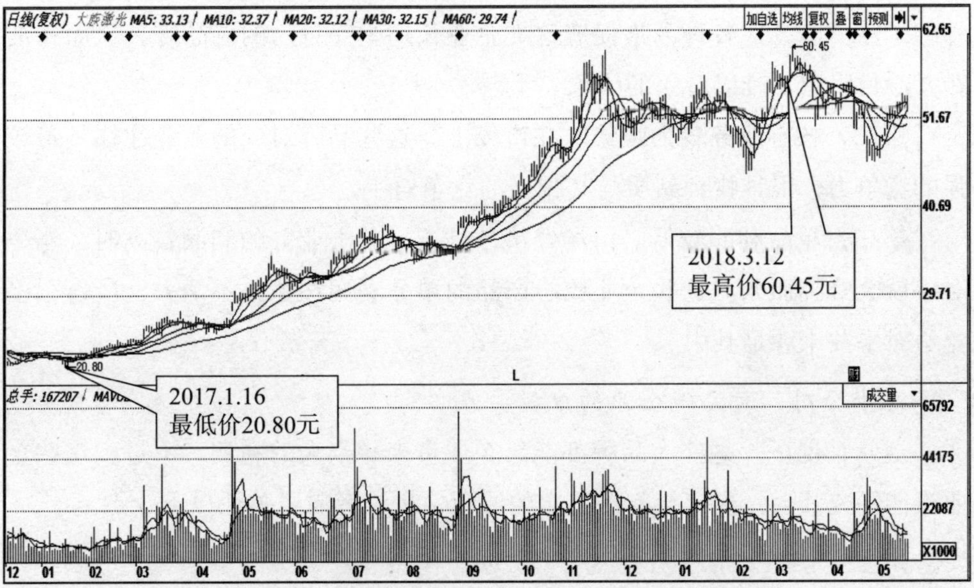

图 3-5　大族激光（002008）日 K 线走势图

从图 3-5 可以看出，自 2017 年 1 月 16 日至 2018 年 3 月 12 日，大族激光的股价由 20.80 元上涨到 60.45 元，股价翻了近 3 倍。由此可见，市场资金对高科技成长股非常青睐。

二、小公司、大品牌式企业

这里的小公司是相对其品牌知名度而言的，并非真正意义上的小公司。通常情况下，大品牌的公司往往对应着大规模。不过，也有一些规模相对较小的公司，手里却掌握着较为知名的大品牌。长期以来，这些公司往往只专注于核心业务，并未积极向外拓展。如果用常规的分析方法，这类公司的营收增长率可能会弱于那些多元化企业。其实，这类公司的发展更为稳健，较少犯错误。

1. 小公司、大品牌企业的特征

小公司、大品牌企业有以下 3 个特征。

第一，拥有历史较为悠久的品牌，有些属于老字号品牌。这些企业可能从一开始就致力于自己的核心业务，也有可能是转型不利而不得不走自己熟悉的老路。总之，各种因素促成这类企业长期坚守自己的老品牌，从而在消费者心目中留下难以磨灭的印象。

第二，核心业务较为强势。在市场上，这些品牌对应的业务往往具备较强的竞争力，很难找到品质与其相当的竞争对手。

第三，单品利润较低。市场经济条件下，某类业务的利润较高时，竞争对手就会蜂拥而入。这些企业核心产品的单品利润往往并不诱人，所以很多竞争对手并未涉足其中。

2. 小公司、大品牌企业的分析要点

通常情况下，这些大品牌都能给企业带来相当大的利润。不过，这些企业没能快速壮大，肯定会有深层次的原因，投资者需要关注以下 3 点。

第一，企业未来的成长空间。产品未来的成长空间决定企业有无投资价值。有些品牌对应的产品已开始逐渐被替代品取代，这些企业若不能为品牌重塑价值，那么肯定难逃被淘汰的命运。

第二，核心产品的利润贡献度。这是衡量企业核心产品竞争力的一个重要指标。若核心产品在企业总体营业收入和利润中占据较大比重，且有进一

步扩大的趋势，说明企业专注于核心产品的竞争力，企业未来有较大的上升空间和潜力。例如，A 股市场上的安琪酵母、马应龙等。

第三，内部成本控制水平。相比其他企业，拥有大品牌的企业更容易做大。有些企业在做大的过程中，因内部成本控制不善失去做大的机会。在选择成长股时，投资者需要关注投资标的的各项费用支出情况，以便做出合理判断。

下面来看一下江中药业的案例。

江中药业股份有限公司是江西省一家医药行业类公司，公司主营中成药、中药制剂、抗生素原料药、抗生素制剂等。公司以生产 OTC 类药品为主，主导产品有江中复方草珊瑚含片、江中健胃消食片、江中亮嗓等，市场竞争力极强，江中亮嗓曾荣膺“中国药品市场消费者喜爱的品牌”。

江中药业品牌知名度很高，但其企业规模并不大，不过，这并没有阻止其成为同类竞品中的胜出者。近几年来，江中药业的净资产收益率一直保持在 15% 以上，且销售毛利率超过 80%，说明该企业具有很强的获利能力。

下面来看一下该股的日 K 线走势图，如图 3-6 所示。

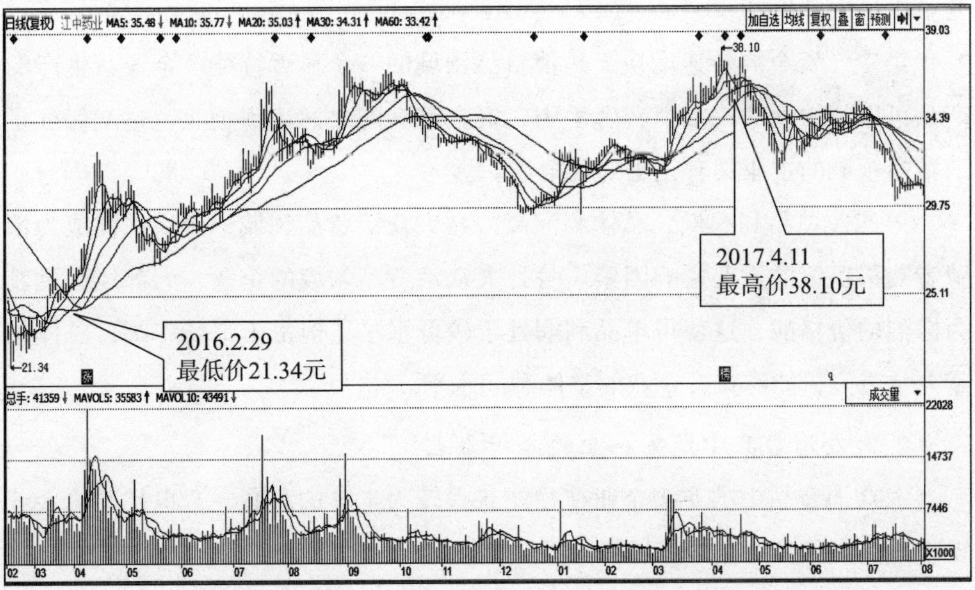

图 3-6 江中药业（600750）日 K 线走势图

从图 3-6 可以看出，自 2016 年 2 月 29 日至 2017 年 4 月 11 日，江中药业的股价由 21.34 元上涨到 38.10 元，翻了近一倍。

三、大众消费品中的龙头企业

大众消费品领域孕育着无数的投资机会，很多巨无霸企业来自这一领域。在该领域中，竞争往往特别激烈，获利最为丰厚的往往是那些龙头企业。当然，若能在合适时机买入垄断公司的股票是最好的，若没有机会，购入一些龙头企业的股票也是不错的选择。

1. 大众消费品中龙头企业的特征

大众消费品中的龙头企业有以下 4 个特征。

第一，企业的主要产品属于大众消费领域，都是大家日常消费所需的，市场极为广阔，而且随着消费升级，企业未来的成长空间很大。

第二，这些龙头企业都是在激烈竞争中杀出重围的，通常比竞争对手更能敏锐地了解市场动向，具备更强的获利能力，这一点可以帮助它们在未来竞争中再次胜出。

第三，资金周转速度快，是消费品领域的一个显著特征。企业新生产的产品可以很快到达终端消费者手中，资金就会随之回流到企业，这就保证了消费品领域的企业具有充足的现金流。

第四，单品利润低，总体利润高。在大众消费品领域，价格往往成为消费者购买决策的重要影响因素。身处大众消费品领域的企业，大都经历过较为惨烈的价格战，这使得单品利润处于较低水平，但由于市场广阔，总体销量非常庞大，能够拉升企业的整体利润水平。

2. 大众消费品中龙头企业的分析要点

大众消费品中的龙头企业往往能获得较为丰厚的利润，这也是其总会获得市场资本青睐的原因。投资者需要关注以下 3 点。

第一，企业营收与回款情况。“不进则退”是消费品企业的生存法则。

虽然这些龙头企业可能已经有了较大的消费规模，但如果其营业收入不能持续增长，则仍有被后起者反超的可能。要想生存，只能比别人发展更快。同时，现金流是一个企业的血液，若没有现金储备和稳定的现金流，企业就存在失血的可能。在分析这类企业时，投资者需要重点关注营业收入增长率和现金流的情况。

第二，核心产品竞争力。尽管大众消费品龙头企业生产的产品不止一类，但按照“二八法则”，一家企业 80% 的利润往往是由最核心的 20% 的产品贡献的。在分析这类企业时，投资者需要从该企业最核心的产品入手，分析这些核心产品在市场上的竞争力情况，包括单品销售增长率、单品利润率、竞品销量等。

第三，内部成本控制水平。相比其他企业，大众消费品中的龙头企业，其内部成本控制水平通常较高。身处一个单品利润率较低的行业，若不能很好地控制成本，企业盈利就会变得异常困难。

下面来看一下海天味业的案例。

海天味业是调味品领域的龙头企业。目前，公司生产的调味品涵盖酱油、调味酱、蚝油、鸡精鸡粉、味精、调味汁等多个系列，其中酱油、调味酱、蚝油是公司最主要的产品。“海天”品牌先后获评国家工商行政管理局“驰名商标”、商务部“中华老字号”和“最具市场竞争力品牌”。

近几年来，海天味业的净资产收益率和销售毛利率一直保持在较高水平。净资产收益率连年保持 30% 以上的增长速度，销售毛利率更是超过 40%，说明该股具有极佳的成长性。

下面来看一下该股的日 K 线走势图，如图 3-7 所示。

从图 3-7 可以看出，自 2016 年 12 月 26 日至 2018 年 5 月 16 日，海天味业的股价由 27.37 元上涨到 72.47 元，翻了近 3 倍。

图 3-7　海天味业（603288）日 K 线走势图

第四章

四维透析成长股——高效而富有执行力的管理团队

买股票就是做投资。投资股票，如同将钱交给标的公司的管理团队去运营。抛开所有中间环节，买股票就是找个经理人经营自己的公司，打理自己的钱。恐怕没有人会把钱交给一些不认识的人或能力不足者，正因如此，投资者选择成长股，在很大程度上就是寻找那些由高效管理团队经营的企业。

第一节　稳定而合理的管理层

优秀企业的背后必然有一个优秀的管理层，这个管理层应该具有科学、合理的结构，同时能保持一定的稳定性。

一、公司治理结构

公司治理结构是指为实现资源配置的有效性，所有者（股东）对公司的经营管理和绩效进行监督、激励、控制和协调的一整套制度安排，它反映决定公司发展方向和业绩的各参与方之间的关系。用通俗的话讲，公司治理结构就是股东与经营者由谁来为公司掌舵，决定公司的发展方向。按照现代企业管理原则，通常由企业的所有者（股东）聘请经理人来管理公司，所有者（股东）对经理人实施监督。由于上市公司股权分布不同，所有者（股东）对经营者施加的影响力有所不同。

通常情况下，公司治理结构主要可以分为3种。

1. 公司股权分散，无实际上的控股股东，管理层就是实际控制人

随着A股进入全流通时代，股权分散的公司越来越多，这类公司具有如下3个特点：第一，没有绝对的控股股东。也就是说，持有公司股份最多的股东，也只是拥有公司很少一部分股权。第二，大股东对管理层没有直接影响力，不能任命管理人员。第三，大股东只能与其他股东联合起来，才能对管理层施加压力。

这类企业已经进入公众公司的范畴，其管理层的经营效果直接对所有股

东负责，而不是直接对某个或几个大股东负责。所有股东借助股东大会以及选举的董事会，完成对管理层的监督。通常情况下，这类公司的管理层对企业拥有较强的掌控能力，企业能够按照管理层的设想和规划发展，企业的经营发展往往比较健康、稳定。

不过，由于股权过于分散，也容易被一些资本大鳄列为攻击目标，比如南玻 A 和万科 A，都曾被宝能系资金恶意收购。不过，资金介入时，往往会有一波股价快速上升的过程，如图 4-1 所示。

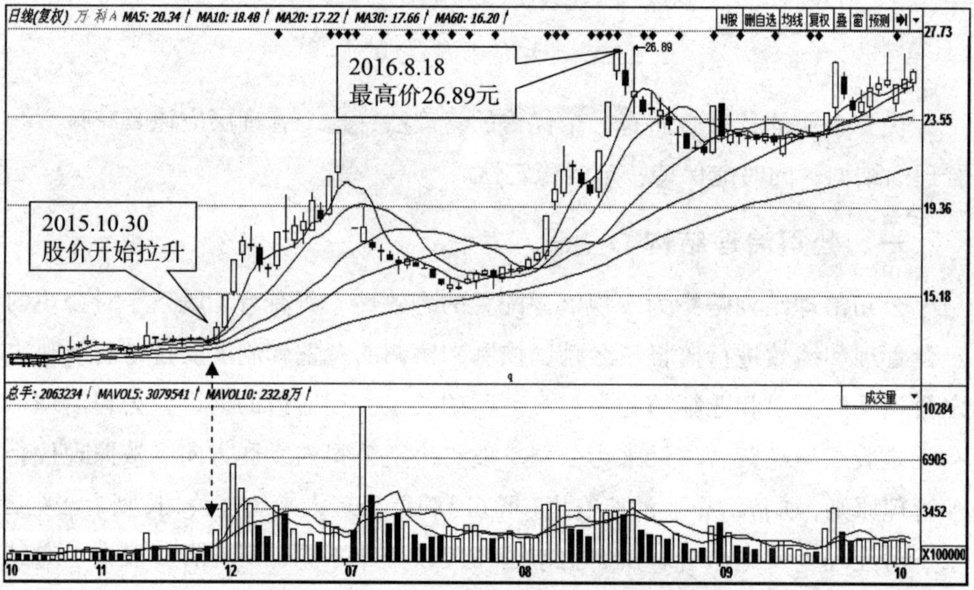

图 4-1　万科 A（000002）日 K 线走势图

万科 A 是一家以房地产开发为主业的上市公司，自 1991 年上市以来，一直是 A 股市场的标杆企业。长期以来，万科 A 以其规范化的管理受到资本市场的普遍青睐。该公司的股权十分分散，在 2015 年以前，最大股东持有的股份也不到 15%。2015 年下半年，万科 A 被宝能系资金频繁举牌，宝能系一度成为万科 A 最大股东，从而引发一场万科 A 的股权争夺战。在这次收购中，该股股价随着股权争夺战一飞冲天，从 2015 年 10 月底的不到 14 元，一路上涨至 2016 年 8 月中旬的 26.89 元。随着深圳地铁公司介入并成为第一大股东，万科 A 的股权争夺战才告一段落。

2. 公司有控股股东且控股股东亲自管理公司

在A股市场上，控股股东直接控制公司是一种较为普遍的情况。除了国企之外，大部分上市公司都由控股股东直接控制。这类公司包括这样3个特点：第一，控股股东持有公司绝大多数或相对多数股权；第二，控股股东与公司的利益是一致的，因而对企业的投入较多，总体说来企业发展有保障；第三，上市公司能够按照控股股东的意愿开展经营活动，不过有时可能会损害中小股东的利益。通常情况下，这类企业的管理层比较稳定，毕竟管理层和控股股东合二为一。

例如，三安光电股份有限公司是一家以LED发光器件为主业的高科技光电能源公司，该公司大股东为厦门三安电子有限公司，实际控制人为林秀成，公司董事长和总经理均为林秀成的家族成员。也就是说，三安光电的控股股东与管理层是一体的，该公司管理层的运营活动也直接体现控股股东的意志。这样的治理结构，能够保证公司管理层的稳定性和经营目标的一致性。

从该公司的财务数据可以看出，其净资产收益率连续数年保持在10%以上，说明该股成长性极佳，如图4-2所示。

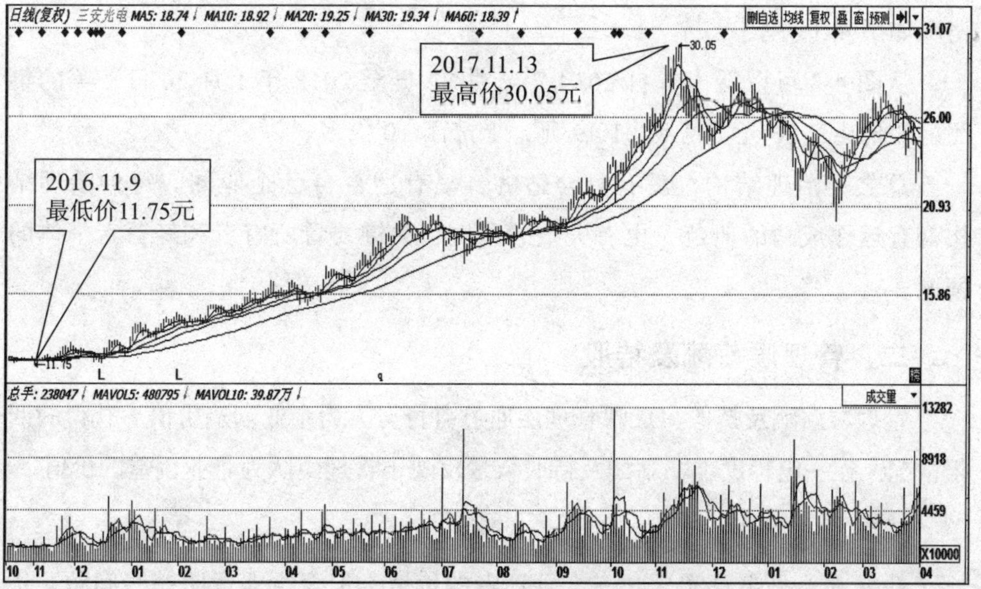

图4-2 三安光电（600703）日K线走势图

从图 4-2 可以看出，自 2016 年 11 月 9 日至 2017 年 11 月 13 日，三安光电的股价由 11.75 元上涨到 30.05 元，上涨了近 3 倍。

3. 公司有控股股东，但控股股东委托专人管理公司

公司有控股股东，但控股股东不亲自经营企业，而是聘请职业经理人经营管理公司。这是一种比较现代的管理模式，真正实现了所有者与经营者分离。

该模式具有如下 3 个特点：第一，公司所有者对经营者进行监督，并管控经营目标的完成情况；第二，公司所有者不干涉管理层的日常经营活动；第三，管理层的稳定性稍差。当企业经营目标未完成时，控股股东可能会激进地改换管理层。

例如，美的集团股份有限公司是一家以家电制造业为主的大型综合性企业，旗下拥有美的电器、小天鹅、威灵控股 3 家上市公司。何享健一手创建美的集团，对其拥有绝对控制权。他退休时，并未将公司交接给其子女，而是由方洪波接替成为董事长和总经理。从此之后，美的集团正式开启了所有者和经营者分离的治理模式。从该公司的财务报表可以看出，近几年来，美的集团的净资产收益率均在 25% 以上，具有极佳的成长性。其日 K 线走势情况如图 4-3 所示。

从图 4-3 可以看出，自 2014 年 2 月 27 日至 2018 年 1 月 26 日，美的集团的股价由 5.86 元上涨到 61.49 元，上涨了 10 倍多。

总之，治理结构，没有最合适的，只有适合自己企业的。每种治理结构都有运作成功的典范，也有失败的案例，关键要看所有者和经营者个体的情况。

二、管理层薪酬及持股

管理层薪酬及持股，反映管理层通过自身努力为企业创造价值后获得的回报情况。在一定程度上，薪酬及持股数量反映了管理团队为企业创造的价值。

1. 管理层薪酬

薪酬并不一定真实反映一个管理者的价值，但至少能说明一些问题。优

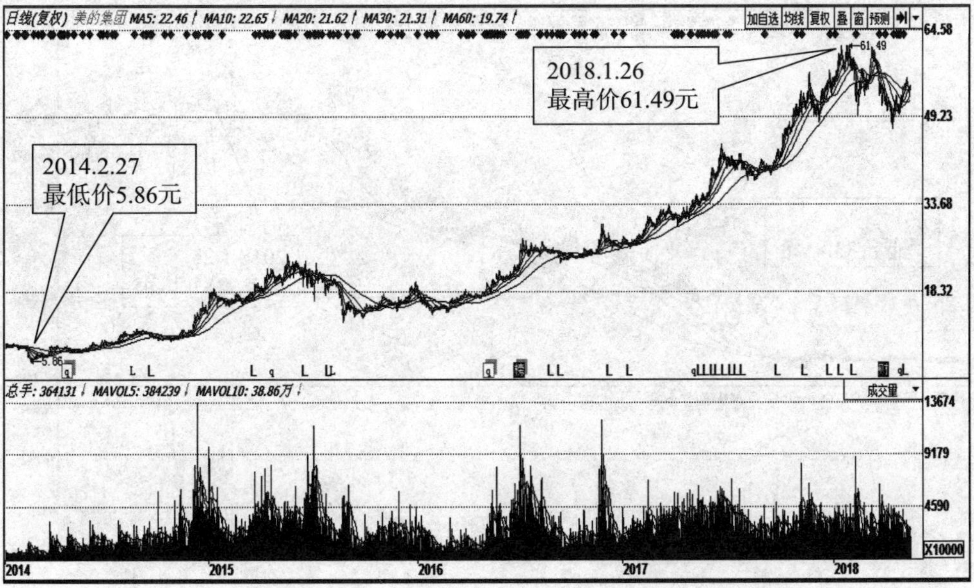

图 4–3　美的集团（000333）日 K 线走势图

秀的人才从来不是廉价的。冯小刚导演的贺岁片《天下无贼》中，黎叔有句名言："21 世纪什么最贵？人才。"

在所有上市公司中，万科 A 的老总郁亮和中国平安老总马明哲的薪酬，总是位列所有上市公司的前茅。在感慨二人的高额薪酬时，大家不妨看看他们带领的管理团队为企业、为股东创造多少利润。作为规模庞大的企业，两家公司的净资产收益率仍能常年保持在 15% 以上，由此可见他们的领导能力和管理水平。同时，普通投资者也可从股价的上涨中分享企业发展带来的红利。图 4-4 展示的是中国平安的日 K 线走势图。

从图 4-4 可以看出，自 2017 年 4 月 12 日至 2018 年 1 月 23 日，中国平安的股价由 33.85 元上涨到 81.28 元，在不到一年的时间里翻了一番还多。也就是说，管理层高水平的管理不仅让自己获得高薪酬，也使投资者获利颇丰。

反之，一些看似薪酬较低的管理者，若不能带领企业取得较佳的业绩，那么他的薪酬再低也是昂贵的。

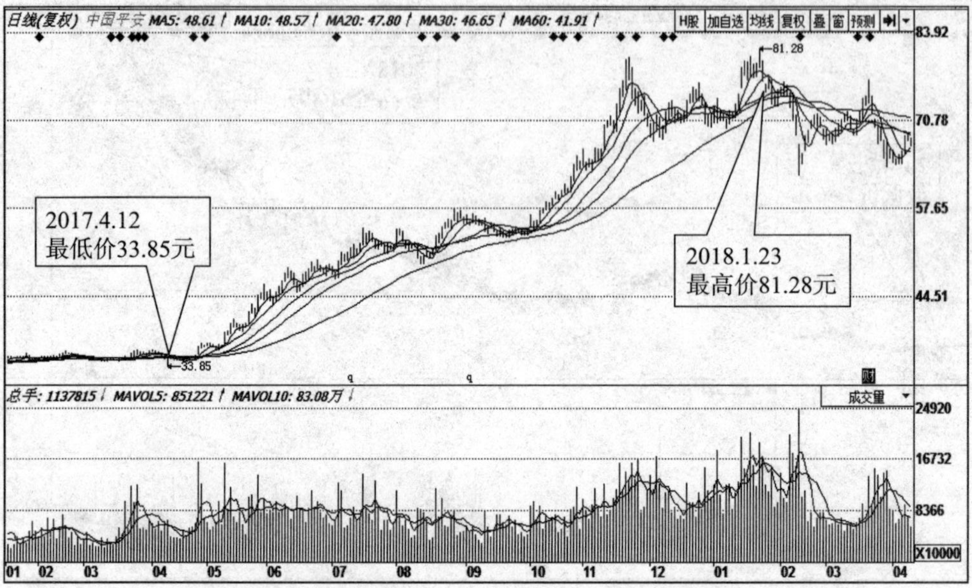

图 4-4 中国平安（601318）日 K 线走势图

总体来说，市场上优秀的经理人并不多，所有者（股东）给优秀的管理者支付高工资是值得的。相反，那些长期效益较差的企业管理者，领高工资是明显不合理的。

2. 管理者薪酬中奖金、红利所占比重

高层管理者的薪酬中，奖金、红利所占的比重将对其工作积极性产生重要影响。通常情况下，越是高层管理者，其奖金、红利所占比重越大，而且奖金、红利还与企业利润指标直接挂钩。其实，这是很多上市公司老总领取高额薪酬的原因。某年度若企业业绩较佳，超额完成利润指标，那么按照企业激励机制，这些高层管理者可以领到高额薪酬。

3. 管理层持股数量

管理层手中的股票，最原始的来源包括两种：其一，企业上市时直接配发的原始股（由控股股东或创业团队直接担任管理者）；其二，通过股权激励获得的股票（企业为激励高层管理者而授予的股票期权或股票，通常情况下，这些股票的获取和解禁流通都有一定的条件）。当然，高层管理者也可以通过二级市场直接买入本公司股票。

管理层的持股情况可以反映以下两个问题。

第一，管理层有无持股。从某种意义上来讲，管理层持股与不持股存在本质区别。当管理层持有一定数量的股份后，他就是企业的所有者，能全心全意为企业付出。反之，若其不持有任何股份，那么企业经营好坏与其没有多少关系，很难保证其全力付出。

第二，管理层持股变化。管理层身处企业管理一线，对企业的经营情况是最了解的。当其不断增加持股量（增持）时，说明其对企业未来的发展非常看好。反之，当其持股量减少（减持）时，说明其并不看好企业的发展，企业未来存忧。特别是一些企业的股票，其价格已经处于低位，管理层仍在减持股票，那么这类企业的发展前景就要打上大大的问号。

三、管理团队构成与稳定性

管理团队的构成及稳定性，会对企业的经营管理产生较大影响。

1. 管理团队的构成

因企业的治理结构不同，企业性质不同，管理团队的构成存在多种形式。比如，很多民营企业上市公司仍是家族式管理，即由家族成员担任重要管理岗位；国企或国企控股上市公司则由上级直接任命人员担任高级管理职位；由多个股东控制的企业，则由大股东派出高级管理人员。

无论何种方式构成的管理团队，投资者都要考虑这个管理团队内在的知识结构，即管理团队是否具备持续经营该企业的知识与能力。当然，这不仅要看管理者的专业背景，还要考虑他们的专长、性格，以及在某领域工作的时间，等等。

2. 管理团队的稳定性

企业的规划要靠管理团队去执行、去实现，若管理团队稳定性不足，则容易导致企业规划执行不力，甚至走偏。回顾 A 股上市公司中发展较佳的企业，就会发现这些企业的管理团队具有这样两个特点。

第一，核心管理团队稳定性极佳。中国股市的几个标杆企业中，中国平安一直由马明哲领导；万科先是王石与郁亮搭档，后来由郁亮独自领导；格力电器先是朱江洪与董明珠搭档，后来朱江洪退休，由董明珠领导。这些企业的核心领导团队都是几十年没有变过的，所以能一直保持稳定有序的经营。

第二，管理团队逐渐更新换代，更加推崇内部培养模式。随着老一辈创业团队逐渐退居二线，新的领导团队浮出水面。近几年来，空降兵直接领导企业的情况逐渐减少，更多的情况是由企业内部培养的管理者接替老一辈创业者，如方洪波接替何享健成为美的集团总裁，梁海山接替张瑞敏、杨绵绵成为青岛海尔总裁。当然，有些企业的接班者就是创业者的子辈，如三安光电的林志强接替其父林秀成成为三安光电掌门人。

第二节　诚实而进取的管理层

在选择投资目标时，巴菲特总把企业的管理者作为很重要的评估指标。当他看好某个企业的领导者时，就会毫不犹豫地投资该企业。

一、诚信与正直

诚信与正直是考察管理团队的第一个也是最重要的指标。所有者（股东）将钱交给管理者打理，就如同主人雇佣一个仆人给自己打工，若这个仆人总是想方设法从主人那里偷钱，然后再整一本假账来糊弄主人，其结果可想而知。

管理层的诚信、正直体现在企业的经营过程中，主要包括以下 5 个方面。

第一，财务数据有无水分。

很多上市公司的管理层都有一定的业绩指标。为了让自己能顺利完成当期或下期的业绩指标，有些企业管理层会在财务数据上做文章，包括虚列营业收入（增加利润和收入）、延期计入当期收入（为了下期财务数据更好看）、做假财务数据（为了兑现激励计划）等。其实，这都属于管理层缺乏诚信的表现，也是对自己经营能力没有信心的表现。

第二，有无刻意制造利好或利空并从中牟利。

股市中，总是真真假假利空利好消息满天飞。大部分捕风捉影的利空或利好消息来自一些主力机构，这些机构利用多空消息来扰乱散户的判断，以此牟利。这是股市中常有的事情，毕竟股市如战场，具有诡异性。不过，倘若企业管理层为了减持股份而刻意制造利好消息，就要怀疑其诚信了。其实这种情况频频出现在 A 股市场，有些企业的高管总是在企业利好消息发布后进行减持操作，或故意延缓发布利空消息，为减持赢得时间。

第三，激励能否真的与业绩挂钩。

股权激励是上市公司经常使用的一种激励高层管理团队的方式。股权激励主要是通过附条件给予员工部分股东权益，使其具有主人翁意识，从而与企业形成利益共同体，促进企业与员工共同成长，从而帮助企业实现稳定发展的长期目标。

在股权激励方案中，通常会设置高层管理者获得股权激励的条件，一般包括这样两点：其一，只有在某一期间内利润指标达到或超过某一标准时，才能获得这些股份；其二，高层获得的股份一般都会有禁止交易的时间限制，即多少月或多少年内不得上市交易。

通常情况下，通过对高层管理团队实施股权激励，上市公司能最大限度地发挥其积极性，这对投资者十分有利。尽管股权激励需要动用上市公司的资金，可能会让投资者的收益有所减少，但通过激励高管更好地工作，往往可以获得更高回报。不过，因为股权激励往往附加相关条件，这就使得一些不诚信的高管可能会在激励标准上做文章，特别是一些由控股股东担任高层管理者的公司，更容易出现这种情况。他们会设置一个很低的业绩指标（作为管理者，他们知道这个指标肯定能够完成），然后轻松达到指标后拿到大把的激励股份。

第四，企业分红是否大部分被管理层蚕食。

分红是股份公司在盈利中，每年按股票份额的一定比例支付给投资者的红利，是上市公司对股东的投资回报。在A股市场上，大股东兼任管理层的现象很多，其中有些大股东还握有绝大多数股份。当企业实施大比例分红时，管理层获得的红利往往非常可观。特别是一些发行股票上市的企业，刚刚获得融资后立即进行大比例分红，就要分析一下管理层分红背后的动机。毕竟这些钱不是企业自己挣来的，而是通过融资从其他股东手中拿到的。这时进行大比例现金分红，获利的只能是原始股大股东。

当然，这并不是说分红不好，但凡事需要有度。巴菲特有一个著名的“1美元原则”，即留存的1美元利润能否创造出至少1美元的市场价值。如果可以，就应该留存；否则的话，就应给股东分红。当一家企业实施比例分红时，其实是在告诉大家，企业无法给股东创造更多价值。

第五，管理层关联企业亲戚任职情况。

上市公司肯定会有一些关联企业，这本是无可厚非的。但是，如果管理层的一些亲属在其中任职，则需要重点关注。这些关联企业可能会借助与管理层成员的亲属关系，从上市公司获得额外的灰色利益。

以上5点，都是投资者考察投资标的时需要关注的内容。若这些企业中出现上述5点中的一点，就应该回避该企业。

二、领导核心的性格及特点

兵熊熊一个，将熊熊一窝。这一法则同样适用于商场。管理团队特别是核心领导者的性格与特征，会深刻影响企业的经营管理活动。A股市场上，核心领导者的类型主要包括以下4类。

第一，雷厉风行型。

在遇到机遇时，这类领导者总能迅速出击，从不拖拖拉拉。他们对企业内部的管控和对部下的要求非常高，整个企业的行事风格与领导者一致。善于捕捉机会，喜欢创新和挑战是其主要特征。在这种类型领导者带领下，企业通常会取得较高的效益和较快的发展，但也可能更容易犯错误，毕竟创新是要付出代价的。

第二，稳扎稳打型。

这类领导者具有老成稳重的特点。当机会出现时，他们会仔细评估机会，一旦认准目标，就会坚持不放。拥有这类领导的企业，其发展速度前期可能赶不上雷厉风行领导者领导的企业，但其后劲往往很足，越往后发展速度越快。当然，如果过于谨慎，在企业发展过程中可能会错失一些发展机遇。

第三，高瞻远瞩型。

这类领导者经营企业如同下围棋。当他刚刚开始落子时，你根本不觉得有多么高明，但若干年后就会发现，他所落下的种子早已开花结果，此时竞争对手已无还手之力。当然，这种高瞻远瞩需要站在不同的时间维度来看待，也许 5 年后看到的是这样一种情形，但 10 年后可能就是另外一种情形。对于这种类型的领导，投资者需要给予充分的信任，不能单凭一个季度或年度的业绩指标来评价其经营成果。

第四，投机型。

这类领导者不像在经营企业，而像在炒股票。他们领导的企业总是朝着看起来最有前景的方向前进，但结果总是不理想。事实上，企业从来没有对进入一个新领域做好准备，只是象征性地努力一下，以赢得资本市场的青睐。当企业股票价格拉升时，这些领导者义无反顾地选择减持，最终倒霉的只是那些接盘的散户。

没有完美的人，也没有完美的领导者类型。每种类型的领导中，都是既有优秀者，也有失败者。在选择投资标的时，投资者需要考虑这些企业的领导是哪种性格的人，同时也要考虑与自身投资风格、偏好是否相符。假如你认定某个领导者属于高瞻远瞩型，现在企业效益也不特别理想，那么你愿意将手中的钱投资给这家公司吗？或者你想投资这家公司，但能否持股到企业取得重大成果那一天呢？这都是投资者选择股票前需要考虑的问题。

三、以往治理水平

作为普通投资者，尽管会尽力搜集一些目标企业的资料（资料非常有限），但仍不能对这些上市公司的管理层有一个清晰、准确的认知。借助历史资料和数据分析管理层以往的治理水平，对投资者来说是个不错的选择。

1. 战略目标规划与实施

每隔一段时间，上市公司都会提出一个企业战略目标，具体实施效果体现了管理层管理水平的高低。投资者可以查看一些标的企业以往设定的目标和规划，并分析其完成情况。通常情况下，如无特殊原因，每次都能实现其规划目标的企业，往往属于那种管控力、执行力较强的企业。这可以从侧面反映出这些企业管理层属于务实、诚信的。反之，一些经常出台目标、规划，却几乎从没顺利实现的企业，投资者应避而远之。

2. 推进变革的能力

市场竞争的形势与格局总是处于不断变化之中。为了适应新的形势、新的竞争，企业必须进行适当变革。推进变革的能力，也是考验管理层管理能力强弱的重要指标。变革，总是说起来容易做起来难。其实，企业进行变革，真正能达到变革目标的少之又少。在考察企业时，投资者可以重点关注企业在推进变革过程中遇到的困难及其采取的对策，并关注变革目标的完成情况。

若是某个企业的管理层能连续数次推进企业变革，可以认定其具有较强的推进变革的能力。通常来说，在与其他企业竞争中，这样的管理层也会占据优势。

3. 以往的决策成功率

过去的成功不代表未来一定会成功，但若过去的决策以失败居多，那么很难让人相信其未来的判断一定会正确。决策成功与否，也反映企业的管理团队有没有将股东的财产看成自己的财产来经营和管理。在选择投资标的时，巴菲特常常看这个企业的管理团队是不是“才华横溢，像管理自己的财产一样管理股东的财产”。换句话说，如果管理层真的将股东的财产当成自己的财产去经营和管理，恐怕就不会有那么多的决策失误。

第五章

四维透析成长股——未来最具发展潜力的行业

并不是说传统行业一定不会出现成长股，但是相对而言，在具有潜力的行业中，成长股出现的概率更大。以往的事实说明，几乎每个具有发展潜力的行业，都会孕育几只有代表性的成长股。

第一节　如何寻找最具发展潜力的行业

“什么样的行业是具有发展潜力的行业？如何寻找具有发展潜力的行业？”这是成长股投资者不得不面对的两个基本问题。

一、认清面对的现实

潜力是一种潜在的能力。它是当前并未完全表现出来，预计在未来环境发生变化或出现某些条件后能够兑现的能力。也就是说，要寻找的潜力行业很可能是现在不被认可，或并未在业绩指标、财务指标上有更加突出表现的行业。之前，人们喜欢用朝阳产业和夕阳产业对市场上各类企业所处的行业进行分类。现实情况下，很多所谓的夕阳产业经过技术升级或服务升级，也可能开发出新的潜力和利润增长点，进而转化成朝阳产业。在分析这些产业或行业时，应立足现实，用动态思维去看待这些产业和行业。

在当下和未来不得不面对的现实，主要包括以下 3 个方面。

1. 人口众多

这是面对所有问题的根本出发点。当然，人口众多带来的不仅是挑战和困难，也有机会和发展契机。

第一，能源与资源方面。

由于人口众多，地球上所能使用的资源十分有限，这就使得新能源的开发与利用成为未来发展的重点。清洁能源、核能、新兴能源的开发与利用，都可能产生一批业绩较佳的成长股。

第二，消费方面。

人多，消费品的需求就会旺盛。也就是说，无论现在还是未来，快速消费品行业大都处于成长期。当然，这并不意味着所有快速消费品企业的业绩都会快速增加，毕竟消费者的口味在不断提升。只有那些紧跟消费者口味变化的企业，才能在未来的竞争中取胜。

2. 经济发展，消费升级

随着经济的不断发展，生活水平的不断提高，人们的消费结构也在不断优化。在未来相当长的时间内，消费结构升级将会催生一些成长型企业。本次消费结构升级主要涉及医疗、教育、娱乐、交通、住宅与旅游等产业。同时，个人差异化需求也会催生很多与众不同的新兴企业。

3. 人工智能，科技革命

人类发展历史上，已经出现过多次科技革命，未来还会有若干次的科技革命，且科技革命间隔的时间将会越来越短。以人工智能、生物工程、电子信息技术为代表的新科技革命，将会给人类带来多大的影响，目前还是未知数。不过有一点可以肯定，就是很多革命性进步都会催生若干成长型领域，如生物工程、人工智能、移动支付、量子信息等。

二、思路决定出路

即使一个板块属于有潜力的板块，但不见得该板块内每只个股都有较好的收益。而且有些股票可能已经兑现了上升的潜力。总之，操作成长股要有一个正确思路，所选择的成长股必须坚持两个标准：其一，必须有一定的成长性，既包括行业的成长性，也包含个股的成长性；其二，必须在合适的价格区域执行买入操作。其实市场上并不缺少成长股，但缺少那种比较便宜的成长股。

在具体选择行业时，需要注意以下两点。

第一，关注长期的、可持续发展的行业。

选择成长股的方法与短线强势股不同。选择成长股时，更应关注那些长期的、可持续发展的潜力行业，而非短期的热门概念。可能很多投资者对两者之间的区别不甚明了，短期热门概念，会在短期内暴涨暴跌，股票标的有无业绩支撑都可能随风起舞。长期的、可持续发展的行业，则是那些在相当长时间内都会取得持续性发展的行业。这些可持续发展的行业，也可能在短期出现被爆炒的情况，炒作过后也会出现回调，但其总体向上的趋势不会改变。

下面来看一下三安光电的走势，如图 5-1 所示。

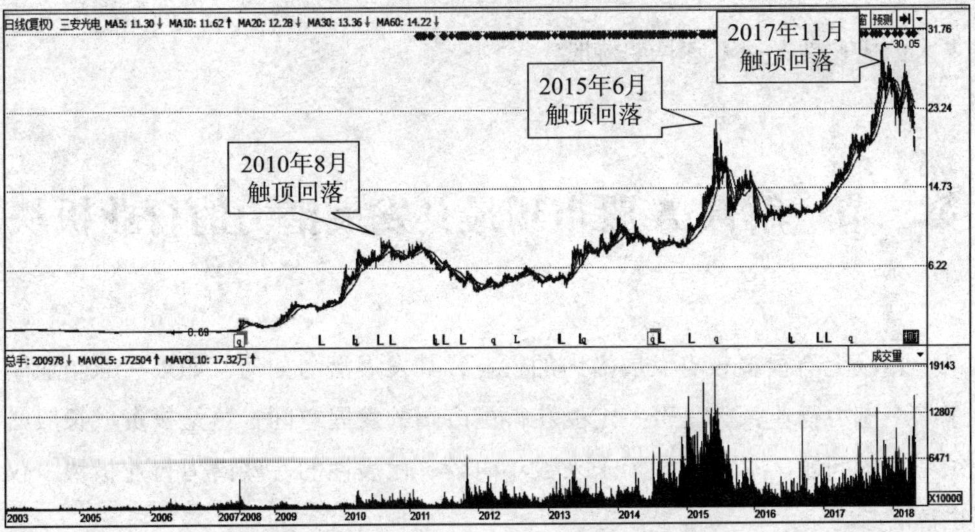

图 5-1　三安光电（600703）日 K 线走势图

如图 5-1 所示，三安光电作为清洁能源领域一只有代表性的股票，在过去几年时间内，其股价上涨了数十倍。不过，该股股价在上升途中并不是一帆风顺的，当大盘暴涨时，它会跟着大幅上涨。当大盘回调时，它会象征性地回调一段时间，然后重新开始上升走势。

经过几次大幅上涨和微小下跌后，该股仍保持上升态势。由此可见，在过去数年内，清洁能源行业属于极具发展潜力的行业，该股也是投资者比较青睐的品种。当然，在可以预见的未来，该行业仍将属于具有很大发展潜力的行业。

第二，独立思考，避免从众心理。

寻找潜力行业是一个艰辛的过程。尽管市场上有很多所谓的成长股和极具潜力的行业，但其中更多的只是概念贴近，或因被爆炒，其成长性严重透支。正因如此，投资者必须学会独立思考，避免从众心理。

当然，有些潜力行业不会立即被大众熟知、认可，这些行业的龙头股可能没有可观的涨幅，但不代表其未来走势不好。既然是潜力股，就会有潜力兑现的那一天。只要认准某些具有发展潜力的行业，耐心持股，属于这些行业的春天终会到来。反之，一些被反复炒作的所谓成长股，可能已经透支了未来的成长性，就不宜长期持股。

第二节 解读 A 股市场最具发展潜力的行业板块

市场上有很多较有发展潜力的行业，其发展潜力如何？如果一家企业属于某个潜力行业，其是否一定能获得更广阔的发展空间？这是投资成长股必须考虑的问题。本节列举了未来数年内较有代表性的一些潜力行业板块，仅供读者参考。

一、快速消费品

人口众多是要面对的一个最大现实。人多，就要吃、喝，就要消费，因而未来对快速消费品的需求仍会保持旺盛的态势。快速消费品意指销售速度较快、单价相对较低的商品。随着经济水平的不断提升，人们的消费需求不断提高，快速消费品行业内部面临着洗牌和竞争压力。

1. 行业特征

尽管快速消费品单价很低，但由于其面对的客户群体足够大，均有多次消费需求，因而，该行业的企业往往体量较大，实力较强。这些企业主要包括以下 3 个特点。

第一，行业集中度高。

在一个市场中，大部分市场份额被少数几家企业瓜分。例如，在乳制品领域，伊利和蒙牛占据很大的市场份额。

第二，产品周转速度快。

在整个供应链环节，产品挤压的时间非常短。很多产品出厂后，很快就能直达终端消费者手中，这使企业的产品、资金周转速度非常快，同样企业的回款速度也非常快。

第三，属于便利性消费。

消费者不愿为购买消费品花费太多时间，希望能够就近购买，因而销售渠道的建设显得尤为重要。

2. 代表性板块

快速消费品涵盖的范围非常广，其中比较有代表性的板块，主要包括酒类、糖果、饮料、食品、个人护理用品等领域。

3. 成长型企业的显著优势

由于客户群体极为庞大，在可以预见的未来，该行业内的企业仍有较大的发展空间。将来，该行业内会诞生很多成长型企业。同时，快速消费品行业比较容易产生垄断型企业，成长型企业必然是那些具有垄断性优势的企业。

这些成长型企业往往具有以下 3 个特征。

第一，品牌。

品牌，是快速消费品行业内保障企业获得额外收益的最坚固壁垒。比如，提起咖啡立刻想到星巴克，提起白酒立刻想到贵州茅台。这种品牌优势不是一朝一夕建立起来的，建立起这种优势的企业，可以轻松获得额外收益。

第二，渠道。

大多数情况下，消费者选择同质化较高的快速消费品时，便利是其决策的重要因素。正因如此，对一家快速消费品企业来说，销售渠道极为关键。

例如，想购买一瓶啤酒，很可能会在就近的便利店选择一款，所以谁的产品渗透终端的能力强，谁就更容易赢得市场，如晨光文具。

第三，细分板块龙头。

在同一品类中，消费者很难记住所有品牌，因此，在某细分领域内，龙头品牌更容易赢得市场。目前，较大的品类已被少数巨无霸企业垄断，未来很可能会出现更多细分领域的龙头企业，如涪陵榨菜、安琪酵母等。这些细分领域的龙头企业，需要投资者重点关注。

总之，快速消费品行业的成长股，至少应具备以上优势中的一种，若能三者兼具会更好。下面来看一下涪陵榨菜的日 K 线走势图，如图 5-2 所示。

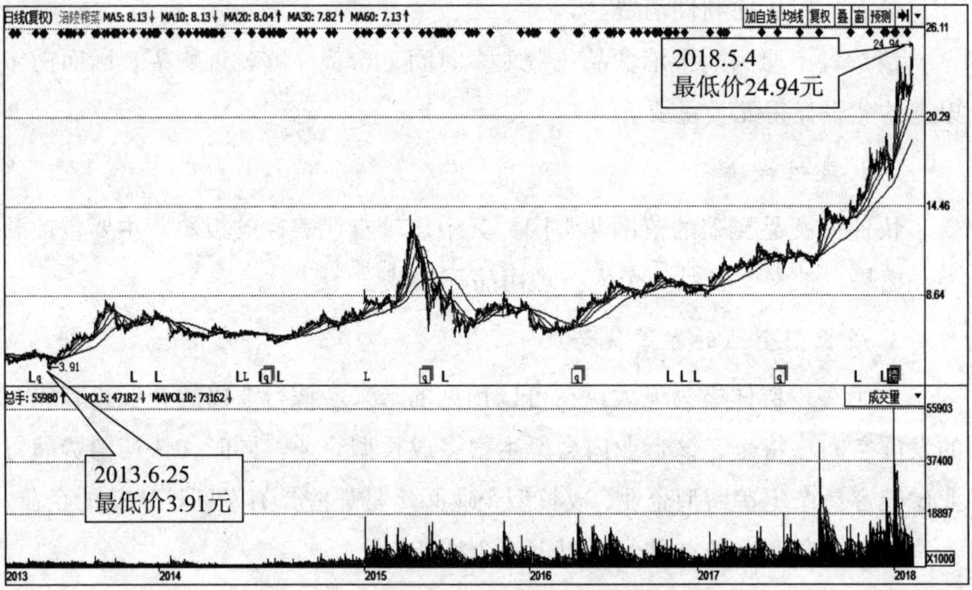

图 5-2　涪陵榨菜（002507）日 K 线走势图

图 5-2 展示的是涪陵榨菜的股价走势情况。作为榨菜这一细分领域的龙头企业，涪陵榨菜拥有较高的品牌知名度和美誉度。同时，由于其耕耘多年，销售渠道已经遍布全国各地，并且渗透到乡村一级的便利店。其业绩更是连续几年取得较快增长，说明该股成长性较佳。自 2013 年 6 月 25 日至 2018 年 5 月 4 日，该股股价由 3.91 元上涨到 24.94 元，上涨了 6 倍多。

二、家用电器

家用电器，又称民用电器、日用电器，是指在家庭及类似场所使用的各种电器和电子器具。尽管家用电器普及程度越来越高，但由于我国人口众多，发展极不均衡，特别是随着产业技术升级，家用电器的更新频率将加速，这为家用电器提供了更为广阔的发展空间。

1. 行业特征

随着国产家电企业的快速崛起，外资品牌在技术和质量方面的优势已经不复存在。同时，国产家电企业的竞争日趋白热化，这些企业要想杀出重围，已经变得异常艰难。

这些企业主要包括以下 3 个特点。

第一，产品同质化严重。

尽管大多数企业都标榜自己的产品与众不同，但不可否认，家电类产品同质化日趋严重。这种同质化带来两个直接后果：其一，在消费者购买决策中，价格占据相当大的比重，这使家电企业的利润率逐渐走低；其二，消费者的购买体验（包括售前和售后），成为购买的主要影响因素之一。

第二，规模效应。

由于家电产品的单品利润逐渐走低，家电企业不得不依托规模效应来提高整体利润水平。换句话说，迅速扩张的规模和营业收入增长率，是判断家电企业成长性的重要指标。

第三，外延式增长向内涵式发展转变。

鉴于竞争压力不断增加，家电企业开始由规模扩张的单纯外延式增长，转为以技术创新、服务创新为导向的内涵式发展。

2. 代表性板块

家用电器涵盖的范围非常广，其中比较有代表性的板块，主要包括白色家电、厨房家电、生活小电器等领域。

3. 成长型企业的显著优势

随着经济的发展，乡村市场家电的普及程度还会提升，城市客户也有家电产品升级的需求。在可预见的未来，该行业内的企业仍有较大的发展空间，也会有很多成长型企业诞生。

这些成长型企业往往具有以下 3 个特征。

第一，核心优势。

只有核心优势明显的企业，才能在激烈的竞争中生存下来。成长型企业更是需要强大的核心优势，才能占据更广阔的市场并获取利润，比如海尔塑造的服务优势，格力一直宣传的“掌握核心科技”，这些核心优势会帮助它们在竞争中取胜。

第二，与人工智能结合。

与人工智能结合，将是家电企业在未来数年内发展的一个重要趋势。将家电产品与人工智能结合，会创造出更多的创新型产品，这些产品是后起家电企业争夺市场的重要武器。

第三，细分板块龙头。

相比大家电日趋激烈的市场竞争，小家电市场可能出现越来越多的垄断性企业。如同吉列对剃须刀市场的垄断一样，各种小家电领域可能会诞生越来越多的垄断性企业。例如，老板电器占据厨房电器市场相当的份额，九阳股份在豆浆机市场占据相当大的份额，等等。

总之，家用电器行业的成长股至少应具备以上优势中的一种，若能三者兼具会更好。下面来看一下老板电器的日 K 线走势图，如图 5-3 所示。

图 5-3 展示的是老板电器的股价走势情况。作为厨房电器这一细分领域的龙头企业，老板电器拥有较高的品牌知名度和美誉度，特别在高端厨房电器领域占据较大优势，这使该企业能获得更多的超额收益。其业绩更是连续几年取得较快增长，说明该股成长性较佳。自 2014 年 3 月 6 日至 2018 年 1 月 16 日，该股股价由 7.79 元上涨到 54.50 元，上涨了近 7 倍。

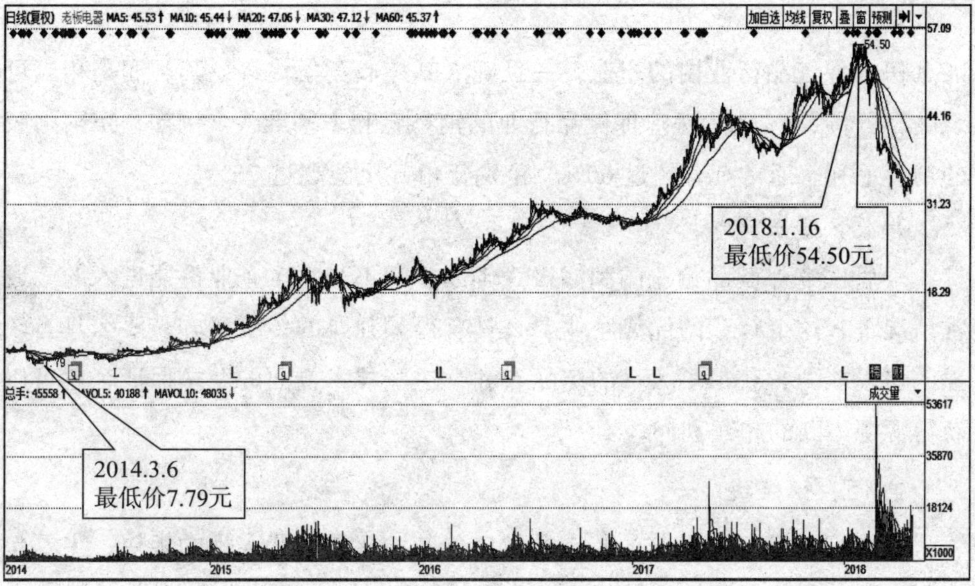

图 5-3　老板电器（002508）日 K 线走势图

三、医疗保健品

医疗保健品行业以其特殊性成为一个利润非常丰厚的行业。随着经济的不断发展，人们对健康的关注度越来越高，将使这个行业以更快的速度发展。目前，该行业聚集了 大批成长型企业，未来还会涌现更多。

1. 行业特征

医疗保健品行业的市场空间非常广阔，其行业内的优势企业大都能获得较为丰厚的超额利润，但不代表该行业内的所有企业都有较大的发展空间。

这些优势企业具有以下 3 个主要特点。

第一，产品导向。

除了几个产品线较多的大型企业外，更多的医疗保健品企业是通过某类主导产品打开市场并确立优势地位的，例如我们熟知的云南白药、东阿阿胶、片仔癀等。由于这些主导产品在消费者心中占据较高的优势地位，使得其他企业的同类产品难以与之竞争。

第二，利润丰厚。

医疗保健品行业内的企业，一旦确立其核心竞争优势，其利润是相当可观的，可将50%作为医疗保健品行业的销售毛利率基准线。例如，东阿阿胶的销售毛利率通常都会超过60%，个别年份甚至能超过70%。

第三，壁垒森严。

尽管医疗保健品行业的利润极为丰厚，却不是每个企业都能进入的。通常情况下，这个行业的优势企业要么具有得天独厚的传统秘方，要么具有较强的研发能力，获得了大量的产品专利，这些技术方面的壁垒保证企业可以获得源源不断的超额利润。

2. 代表性板块

医疗保健品行业涵盖的范围非常广，其中比较有代表性的板块，主要包括保健品、医疗器械、化学制药、中医药等领域。

3. 成长型企业的显著优势

人们对健康的需求没有止境，同样，医疗健康产业的成长空间也没有止境。未来，该领域内还将涌现出更多的成长型企业。这些成长型企业往往具有以下两个特征。

第一，独特的品牌优势。

在这一领域中，很多企业先天具有得天独厚的品牌优势，而且这种品牌优势未来会继续发挥作用，例如前面提到的云南白药、东阿阿胶等。我国国内还有一些未上市的老字号、老品牌，投资者可保持对这些品牌的关注，也许下一个云南白药或东阿阿胶就在其中。

第二，专利优势。

通常情况下，制药企业研发的新药都有较长时间的专利保护期。在专利保护期内，这些企业将独享该产品带来的收益，这为这些研发能力较强的企业提供了丰厚的获利空间。投资者可关注抗癌药物、艾滋病疫苗以及治疗药物的研发，若某些企业取得突破性进展，很可能会获得非常可观的收益。

医疗保健品行业的成长股至少应具备以上优势中的一种。下面来看一下片仔癀的日 K 线走势图，如图 5-4 所示。

图 5-4 展示的是片仔癀的股价走势情况。作为中药这一细分领域的老字号企业，片仔癀拥有较为久远的品牌知名度和美誉度。由于其品牌影响力较强，因而其销售费用相对较低，议价能力和对上下游的控制力较强，其业绩更是连续几年取得较快增长，说明该股成长性较佳。自 2014 年 6 月 5 日至 2018 年 5 月 2 日，该股股价由 18.59 元上涨到 97.36 元，上涨了 5 倍多。

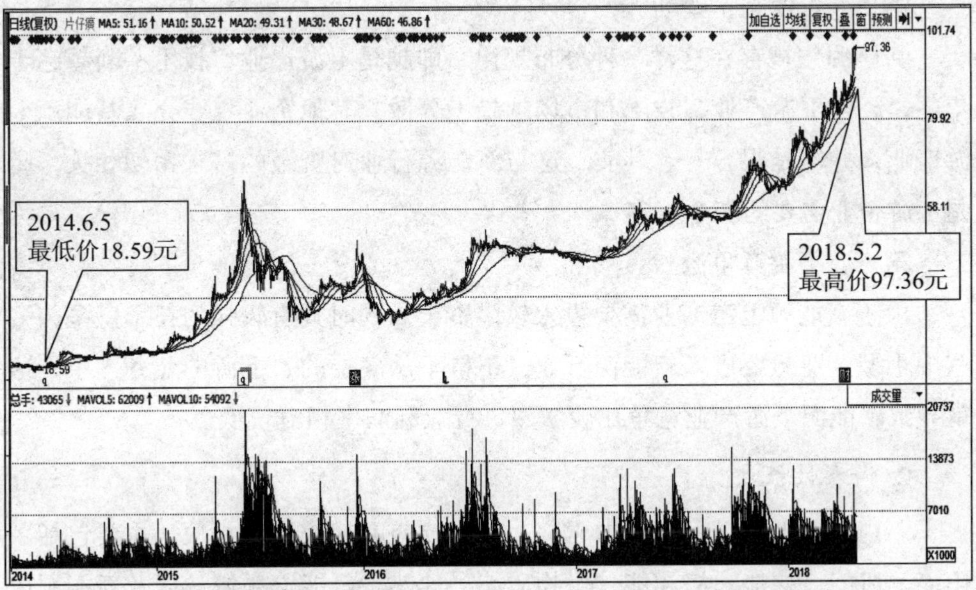

图 5-4　片仔癀（600436）日 K 线走势图

四、新能源

传统能源日趋枯竭，为新能源的发展打开了广阔的空间。随着科技的不断进步，新能源开发与利用成本逐渐降低，这为行业的快速发展提供了条件。未来，该行业很可能会涌现出一些高速发展的成长型企业。

1. 行业特征

新能源行业的市场空间非常广阔，其行业内的优势企业大都能获得较为丰厚的超额利润，但不代表该行业内的所有企业都会有较大的发展空间。

这些优势企业主要包括以下 3 个特点。

第一，资本密集。

通常情况下，任何一个新兴的、未成熟的行业，都需要投入大量资金进行研发。随着技术逐渐成熟，开发和利用成本才会降低。目前，新能源行业正处于需要大量资金投入的发展阶段，对于很多中小企业来说，这种资金需求无形中设置了进入壁垒。

第二，上游技术垄断。

新能源领域存在这样一种分布规律，即越是上游产业，技术垄断越趋于集中，越是下游产业，技术和市场越趋于分散。其他企业想要介入新能源上游产业，并不是很容易。其实，这与新能源行业对资金的需求密切相关，越是上游企业需要的资金越多。

第三，下游竞争激烈。

由于新能源上游产业需要投入较多资金，同时具有较强的技术壁垒，一些中小型企业想要进入新能源行业，不得不从底层的、下游的业务入手，这就导致新能源下游产业竞争比较激烈，行业利润率相对较低。

2. 代表性板块

新能源行业涵盖的范围非常广，其中比较有代表性的板块，主要包括太阳能、风能、核能、海洋能、生物质能、地热、氢能等领域，以及新能源设备制造、新能源应用开发等。

3. 成长型企业的显著优势

新能源开发与利用，是未来面对的主要课题之一。当前，由于新能源行业开发成本的制约，很多中小型企业集中于新能源下游的开发与利用环节。未来，随着新能源开发技术的逐渐成熟，该行业会涌现出很多高速发展的成长型企业。

这些成长型企业需要突破的方向有以下两点。

第一，技术专利。

只有拥有技术专利壁垒的企业，才能获得更多的超额利润。无论是新能源开发还是利用，都需要企业在技术方面有所突破。新能源开发与利用领域有大量空白，需要更多有进取精神的企业去填补，这些企业若能在新能源领域取得突破性成果，就为自己构筑了一道坚固的护城河，利润也会滚滚而来。不过，目前新能源领域的大多数专利技术，都掌握在少数几家大型企业手中。

第二，新能源应用。

相对于新能源开发来说，新能源应用可能更适合中小型企业。在短期内，中小企业由于资金和技术方面的劣势，很难在新能源开发领域有所建树，却可以在新能源利用领域发力。比如，目前太阳能和风能利用已经开始走上快速上升通道。下面来看一下三安光电的日K线走势图，如图5-5所示。

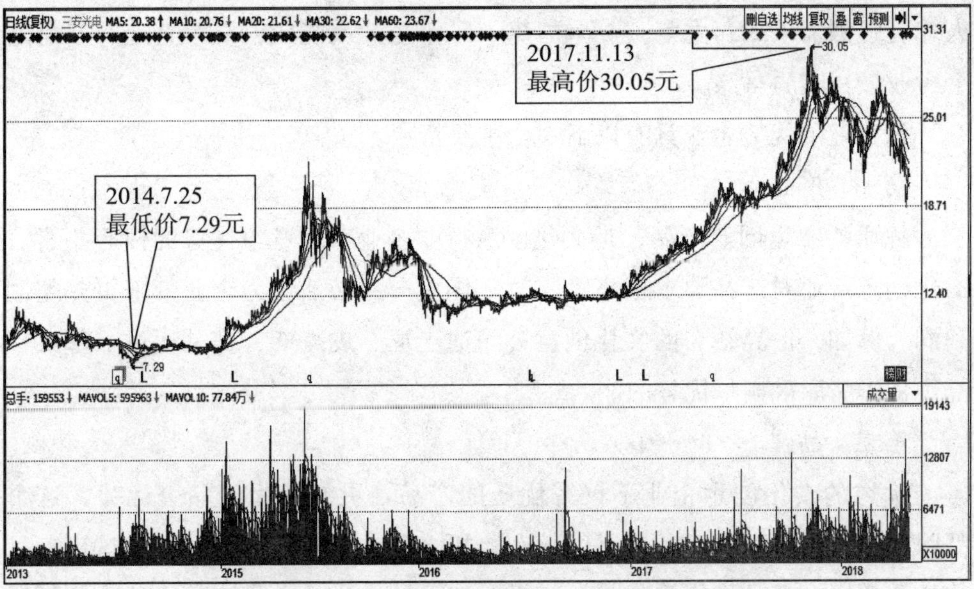

图5–5　三安光电（600703）日K线走势图

图5-5展示的是三安光电的股价走势情况。作为一家从事高科技的光电公司，三安光电主要从事LED发光器件研究，其产品应用于节能环保领域，其业绩在过去数年内保持较为强劲的增长势头。自2014年7月25日至2017年11月13日，该股股价由7.29元上涨到30.05元，上涨了4倍多。

五、文化创意

文化创意产业，是一种在经济全球化背景下产生的、以创造力为核心的新兴产业，该产业强调一种主体文化或文化因素，依靠个人或团队，通过技术、创意和产业化的方式开发、营销知识产权。随着经济水平的不断提升，人们的精神消费也随之增加，原有的知识产品、消费形式，越来越难以满足人们的需求，特别是新生代对文化产品的需求。未来，文化创意产业将会迎来爆发式增长，期间会涌现出一批高成长性企业。

1. 行业特征

文化创意行业是一个需要很强创新与创造能力的行业，更是一个对顶尖人才有强烈需求的行业。“一个故事、一个短片就能成就一个企业”，是这个行业最真实的写照。

该行业的优势企业具有以下 3 个主要特点。

第一，产品驱动。

优质的文化创意产品，是文化创意行业企业获取竞争优势的核心要素。文化创意行业对产品要求极高，同时，优质产品必然会为企业带来更多超额利润。例如，世界知名的文化创意公司迪士尼、皮克斯，都是通过一部又一部优良作品取得竞争优势的。

第二，品牌。

优秀的文化创意企业不仅有优质的产品，更有强大的品牌优势。这个品牌优势可以确保自己的产品能够获得更多关注，拥有更多客户，这也是品牌的价值所在。就像影视作品，相对一般导演来说，大导演的作品往往更能获得关注。目前，在品牌建设方面，我国国内的文化创意企业还有很长的路要走。

第三，利润丰厚。

文化创意产业的核心是创新。正因其具有创新属性，市场上缺少竞争对手，其必然会获得更多超额利润。很多文化创意企业的销售毛利率，能赶上甚至超过医疗保健品行业 50% 的基准线。

2. 代表性板块

文化创意行业涵盖的范围非常广，其中比较有代表性的板块，主要包括动漫、文化传媒、网络游戏与手机游戏等领域。

3. 成长型企业的显著优势

随着文化创意产业的不断发展壮大，该领域还将涌现出更多的成长型企业。

这些成长型企业往往具有以下两个特征。

第一，内容为王。

内容是文化创意产业的核心，优质内容是支撑企业业绩上升的关键。成长型企业必然属于优质内容开发企业，或能获得优质内容的平台型企业。

第二，优秀的创作团队与宣传策划团队。

优质的内容来自于优秀的创作团队和策划团队。从这个角度来讲，一些与大牌作者合作较好的出版机构、文创机构，以及与大牌演员、导演有密切合作的演艺机构，都可能成为较佳的投资标的。

下面来看一下新经典的日 K 线走势图，如图 5-6 所示。

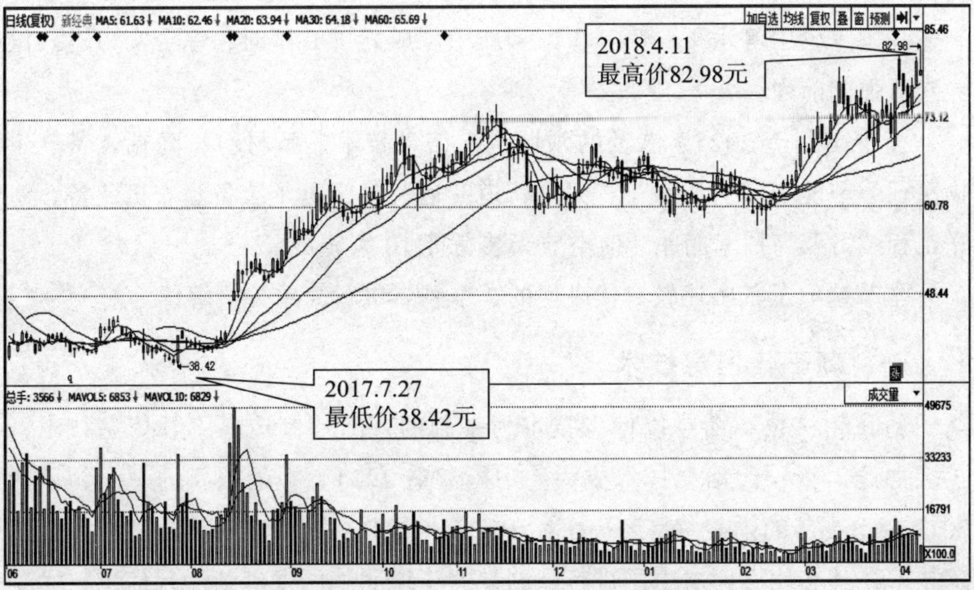

图 5-6　新经典（603096）日 K 线走势图

图 5-6 展示的是新经典的股价走势情况。作为文化创意领域的知名品牌，新经典与许多大牌作者、图书出版机构有良好的合作，其净资产收益率连续数年保持在 20% 左右的水平。鉴于其拥有雄厚的内部资源优势，可以预见该股在未来仍将保持较快的增长势头，具有良好的成长性。自 2017 年 7 月 27 日至 2018 年 4 月 11 日，该股股价由 38.42 元上涨到 82.98 元，翻了 1 倍多。

第三节　中国制造 2025

制造业是国民经济的主体，是立国之本、兴国之器、强国之基。为了抓住新一轮科技革命带来的历史性机遇，加速我国由制造业大国向制造业强国转变，国务院 2015 年发布了《中国制造 2025》规划。

《中国制造 2025》提出通过“三步走”实现制造强国的战略目标：第一步，到 2025 年迈入制造强国行列；第二步，到 2035 年中国制造业整体达到世界制造强国阵营中等水平；第三步，到新中国成立 100 年时，综合实力进入世界制造强国前列。

《中国制造 2025》涉及的领域包括信息技术、新材料、高端装备、生物医药、节能与新能源汽车、先进轨道交通装备、电子装备、农机装备、海洋工程装备及高技术船舶、航空航天装备等 10 大领域。

本节选取了其中比较有代表性的 3 个领域进行简单分析解读。

一、新一代信息技术

新一轮科技革命是以信息技术为基础的，高端制造离不开信息技术，正因如此，新一代信息技术成为《中国制造 2025》中最重要的一个领域。2018 年上半年的中美贸易摩擦中，美方就把枪口对准中国高端制造业，在信息技术尤其芯片方面对中国进行限制，这正说明中国发展新一代信息技术刻不容缓。

这一领域充满了机会与挑战，将来必然会涌现出一大批成长型企业。

1. 行业特征

新一代信息技术涵盖的项目属于国家和社会急需的项目，拥有极大的发展空间和潜力。

该行业企业具有以下 3 个主要特点。

第一，技术导向。

新一代信息技术涵盖了集成电路、移动通信、大数据、智能机器人等领域。一家企业要想在这些领域取得成果并获得现实收益，就要突破关键核心和共性技术。换句话说，技术实力与技术成果是衡量这些领域企业未来成长性的重要指标。信息技术的大发展需要很多研发实力强劲的团队来支撑，这也是成长型企业的历史性机遇。

第二，利润丰厚。

突破核心和共性技术并不容易，一旦完成突破，获利将会非常巨大。这一领域的收益，可能比医疗保健品行业的收益还要高。掌握关键技术的企业，将成为这一板块的领头羊和优质成长股，其销售毛利率超过 60% 是比较常见的情况。

第二，壁垒森严。

技术突破必然与专利和知识产权保护同步。通常情况下，技术研发实力强劲的企业，也是知识产权保护做得较好的企业。这些专利会成为企业利益的坚固壁垒，这些壁垒将会确保企业长期收益最大化。

2. 代表性板块

新一代信息技术涵盖的范围非常广，其中比较有代表性的板块，主要包括云计算、大数据、物联网、集成电路、移动通信、工业互联网、人工智能与机器人等领域。

3. 成长型企业的显著优势

身处一个技术爆炸的时代，信息技术企业将有更加广阔的发展空间。未来，该行业会有很多成长型企业诞生。同时，由于信息技术行业对技术优势的天然性垄断，使其很容易诞生一个又一个垄断型的成长型企业。

这些成长型企业往往具有以下 3 个特征。

第一，专注于某一领域。

信息技术需要深度挖掘，只有专注于某一细分领域，才能获得突破性成果。反过来，这些突破性成果将会为这些成长型企业提供源源不断的利润。

第二，专利优势。

通常情况下，信息技术企业设计或研发的成果，都有较长时间的专利保护期。在专利保护期内，这些企业将独享该产品带来的收益，这为这些研发能力强的企业提供了丰厚的获利空间。未来，投资者可以保持对信息技术研究领域的关注，若某些企业取得突破性进展，很可能会带来非常可观的收益。

第三，细分板块龙头。

如前所述，信息技术企业很多都是专注于某一细分领域的，这会促使取得较大成果的企业成为这些细分领域的板块龙头。不过，从目前来看，软件工程师的数量和质量将会成为制约该行业发展的一个瓶颈。

下面来看一下兆易创新的日 K 线走势图，如图 5-7 所示。

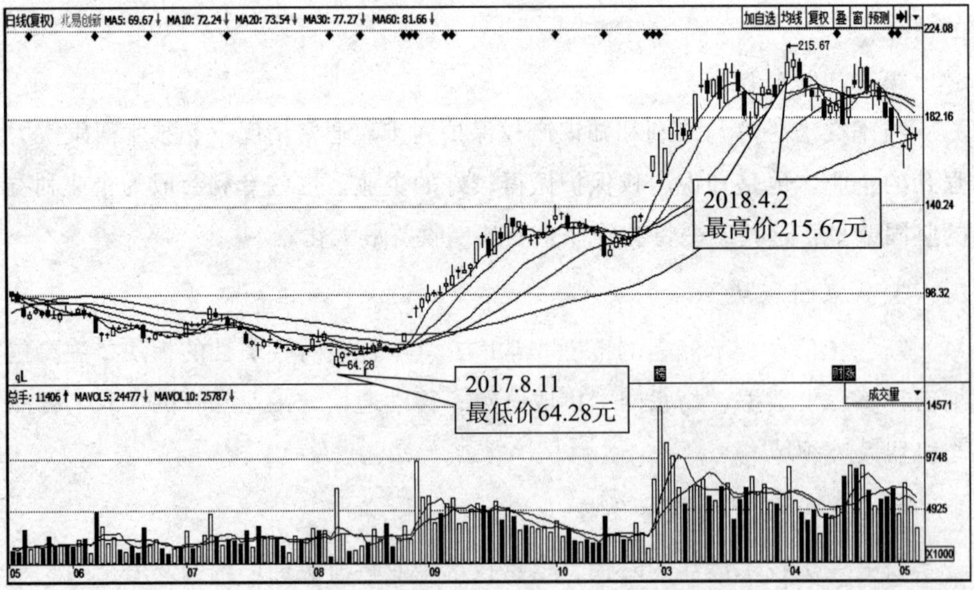

图 5-7　兆易创新（603986）日 K 线走势图

图 5-7 展示的是兆易创新的股价走势情况。作为一家以内存芯片研发为主要业务的企业，兆易创新的净资产收益率连续数年保持在 20% 左右。鉴于其拥有较强的内部研发优势，加上国家对芯片研发的重视，可能会促使该企业更加快速发展。

自 2017 年 8 月 11 日至 2018 年 4 月 2 日，该股股价由 64.28 元上涨到 215.67 元，翻了 3 倍多。当然，该股的快速上涨除了与其新股的身份有关外，还与中美贸易战这一外部大环境密不可分。不过，之前几年该股保持 20% 以上的净资产收益率却是货真价实的。

二、高端装备制造

我国的装备制造业长期处于较低水平，处于全球装备制造业价值链的下游。尽管很多企业产值很高，但利润却较低。高端装备制造技术匮乏，是制约我国制造业升级的瓶颈。《中国制造 2025》将高端装备制造提升到前所未有的战略高度，该规划的实施将极大地促进我国高端装备制造业的迅猛发展，也会涌现出一批成长型企业。

1. 行业特征

高端装备制造业以高新技术为引领，处于价值链高端和产业链核心环节，决定着整个产业链综合竞争力，是一个战略性新兴产业。同时，高端装备制造业也是现代产业体系的脊梁，是推动工业转型升级的引擎。

该行业企业具有以下 3 个主要特点。

第一，技术导向。

高端装备制造涵盖大型飞机、航空发动机及燃气轮机、民用航天、智能绿色列车、节能与新能源汽车、海洋工程装备及高技术船舶、智能电网成套装备、高档数控机床、核电装备、高端诊疗设备等领域。这些领域不仅属于高精尖领域，而且未来会与互联网关联，这就更加强化了其技术内涵。一家企业要想在这些领域取得成果并获得现实收益，必然需要突破关键技术。也就是说，技术实力与成果是衡量这些领域企业成长性的重要指标。

第二，利润丰厚。

在整个制造业价值链中，高端装备制造一直处于价值链顶端。掌握核心技术的高端装备制造企业，无疑会获得较为丰厚的利润。

第三，壁垒森严。

尽管高端装备制造企业的利润极为丰厚，却不是每个企业都能进入的，目前大多数核心技术还掌握在国外企业手中。后起的成长型企业，若能在高端装备制造产业有所突破，就会形成一个天然的竞争壁垒，使自己获得更多超额利润。

2. 代表性板块

高端装备制造业主要包括航空装备、卫星制造与应用、轨道交通设备制造、海洋工程装备制造和智能装备制造 5 个细分领域。

3. 成长型企业的显著优势

高端装备制造领域具有很大的发展空间，需要大量的成长型企业来填补。

这些成长型企业往往具有以下 3 个特征。

第一，核心技术优势。

只有核心技术优势明显的企业，才能在激烈竞争中生存下来。这一显著特征将在高端装备制造领域获得更多验证。核心技术，是成长型企业在高端装备制造领域取得竞争优势的关键。率先取得核心技术突破的成长型企业，将会获得先人一步的发展机会。

第二，与工业互联网的结合。

工业互联网与制造业协同发展，将成为未来高端制造产业的显著特征。云制造、智能制造与人工智能，将与高端装备制造相融合。特别是一些中小成长型企业参与高端装备制造，更需要借助与工业互联网的融合。

第三，细分板块龙头。

率先获得技术突破的成长型企业，很可能会成为细分板块龙头。无一例外，这些龙头企业会获得更多超额利润。

下面来看一下浙江鼎力的日 K 线走势图，如图 5-8 所示。

图 5-8 展示的是浙江鼎力的股价走势情况。作为高端制造高空作业平台这一细分领域的龙头企业，浙江鼎力拥有较高的美誉度，在高空作业平台领域占据较大市场份额。该企业在研发方面的投入一直较多，海外市场份额增长强劲，《中国制造 2025》出台后，可能会有更好的发展机遇。

正是由于该企业在高空作业平台方面的优势地位，使其能获得更多超额收益，其业绩更是连续几年取得较快增长，说明该股成长性较佳。自 2017 年 1 月 16 日至 2018 年 1 月 2 日，该股股价由 42.69 元上涨到 82.50 元，上涨了近 1 倍。

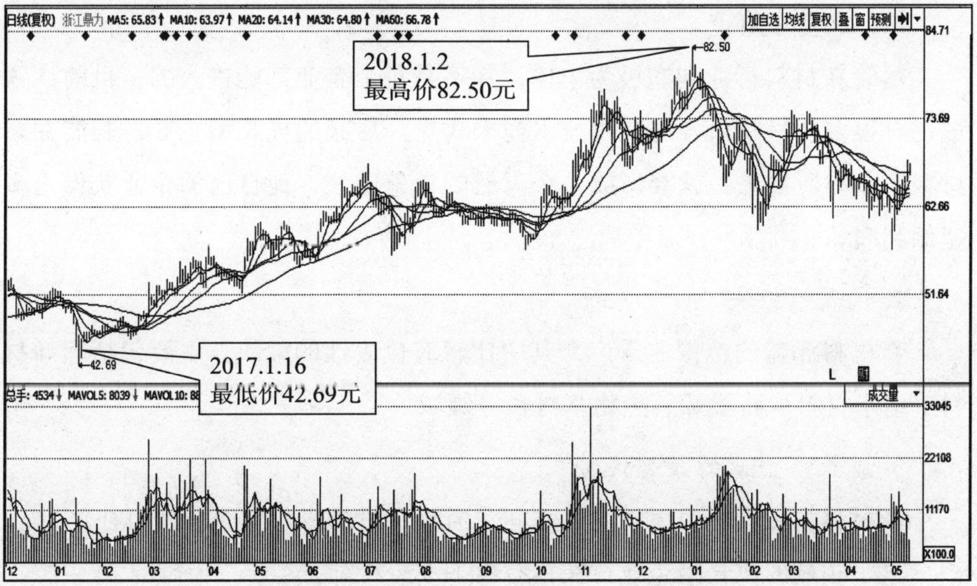

图 5–8　浙江鼎力（603338）日 K 线走势图

三、新材料

尖端设备的制造离不开特种材料。在中国制造体系中，新材料具有举足轻重的作用。未来，该行业可能会涌现出一些高速成长型企业。

1. 行业特征

新材料行业的市场空间非常广阔，其行业内的优势企业大都能获得较为丰厚的超额利润，但不代表该行业的所有企业都会有较大的发展空间。

这些优势企业具有以下两个主要特点。

第一，技术导向。

新材料行业包括特种金属功能材料、高性能结构材料、功能性高分子材料、特种无机非金属材料和先进复合材料等领域。这些领域具有很强的技术导向性，一家企业要想在这些领域取得成果并获得现实收益，需要突破关键技术。也就是说，技术实力与成果是衡量这个领域企业成长性的重要指标。

第二，壁垒森严。

尽管新材料行业利润极为丰厚，却不是每个企业都能进入的，目前该领域仍有很多新材料研发与应用技术尚未攻克。后起的成长型企业，若能在新材料产业有所突破，就会形成一个天然的竞争壁垒，使自己的企业获得更多超额利润。

2. 代表性板块

新材料涵盖的范围非常广，其中比较有代表性的板块，主要包括超导材料、纳米材料、石墨烯、生物基材料等领域。

3. 成长型企业的显著优势

新材料领域具有很大的发展空间，需要大量的成长型企业来填补。

这个领域的成长型企业往往具有以下 3 个特征。

第一，核心技术优势。

只有核心技术优势明显的企业，才能在激烈的竞争中生存下来，这一显著特征将在新材料领域获得更多验证。核心技术，是成长型企业在新材料领域取得竞争优势的关键。率先突破核心技术的成长型企业，将会获得先人一步的发展机会。

第二，专利优势。

通常情况下，研发的新材料都有较长时间的专利保护期。在专利保护期内，这些企业将独享该产品带来的收益，这就为这些研发能力很强的企业提供了丰厚的获利空间。未来，若某些企业取得突破性进展，很可能会获得非常可观的收益。

第三，细分板块龙头。

率先获得技术突破的成长型企业，很可能会成为细分板块的龙头。无一例外，这些龙头企业都会获得更多超额利润。新材料领域将会出现很多细分领域的龙头企业，这些企业是投资者需要重点关注的对象。

下面来看一下方大炭素的案例，如图 5-9 所示。

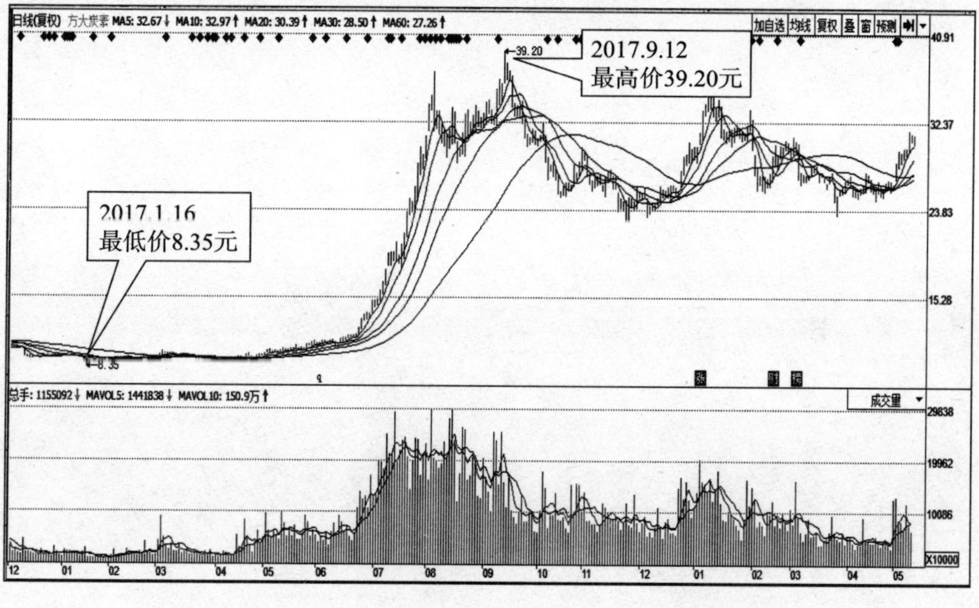

图 5–9 方大炭素（600516）日 K 线走势图

图 5-9 展示的是方大炭素的股价走势情况。新材料行业中，作为石墨烯概念这一细分领域的龙头企业，方大炭素拥有较高的美誉度，其拥有较丰富的石墨烯矿资源。近几年来，由于新材料行业受到前所未有的重视，特别是石墨烯材料研发被提升至较高的地位，这极大地促进了企业经营效益的提高。

最近两年，该企业的业绩取得较快增长，股价随之水涨船高。

2017 年 1 月 16 日，该股股价在 8.35 元低位（复权后）启动上涨。随后借助市场上炒作石墨烯概念的热潮，一度于当年 9 月 12 日到达 39.20 元的位置，股价翻了近 5 倍。

第六章

成长股投资策略与方法

通常情况下，通过投资成长股，投资者大都会获得不菲的利润，这并不是说只要买入成长股就一定能获利。投资股票一定要讲究策略和方法，投资成长股也不例外。

第一节　投资成长股的基本原则

从严格意义上说，投资成长股更类似一种基于选股方法的交易。由于在选股阶段耗费大量时间和精力，投资者很少利用成长股进行短线或超短线操作。换句话说，投资成长股更加偏重中长线持股。

一、资金来源、持仓时间与资金成本

因为偏向中长线投资，这里就涉及资金问题。投资股票是为了获得利润，但前提是必须有足够的资金，并且这些资金短期内没有兑现的压力。

1. 资金来源

钱一旦投入股市，就不能将其当作自己的了。进入股市的钱是以市值形式表现出来的，只要没有卖出兑现，它永远都是变动的，而且无法预测其变动幅度。正因如此，投入股市的钱，其来源显得特别重要。

首先，这些钱不能通过借贷途径获得。借贷来的资金通常会有较高的利息，而且股市有极大风险，一旦资金受到损失，偿还这些借贷资金就会成为问题。再说，倘若使用借贷资金，在股票交易中，投资者就会有一种想赢怕输的思想，这种心理在某种程度上会影响其判断，进而影响交易结果。

其次，这些钱短期内不能有其他用途。炒股最怕的是刚刚买入股票，因为急需用钱，不得不提前卖出。中长线投资与短线或超短线交易不同，短线交易可以在股票走势不利于自己的情况下迅速卖出，收回资金，但中长线很难这样操作。并不是说中长线投资不能卖出股票，而是出于交易计划限制，提前执行卖出操作可能会损失一部分资金。同时，频繁破坏交易计划，不利于养成交易纪律。

总之，投入股市的资金应该是几年或几个月内（设计的交易周期内）用不着的钱。同时，即使这笔钱出现损失，也不影响家庭的正常生活。

2. 持仓时间与资金成本

如前所述，投资成长股多属于中长线交易，这就涉及持仓时间与成本的问题。持仓时间越长，资金成本（放入银行会有利息，买入货币基金也会有稳定的收益）就会越大。若股价不能上升或出现下跌，就会影响资金收益。通常情况下，由于成长股业绩会有显著增长，因此必然有资金追逐，股价也会随之上扬。当资金收益长期不能抵消资金成本时，投资者需要重新评估选择的股票有无问题。

二、只做少数股票

“不要把所有鸡蛋放在同一个篮子里”，这已经成了很多人笃信的投资原则。然而，这一信条却不适用于成长股投资。从事成长股投资，更笃信“把所有鸡蛋放在同一个篮子中，然后照看好它”。

投资成长股，并不像看上去那么简单，即买入、持有、卖出。买入股票前，投资者需对股票进行深入了解，确保自己在股价较低时买入，然后在股价上涨到某高位时卖出。

投资成长股需要做很多工作，特别是选股阶段，这耗费投资者很多精力。如果投资者买入的股票过多，难免会照顾不周，导致有些股票出现亏损。即使持有的一些股票能盈利，也要弥补其他股票造成的亏损。

优秀的成长股投资者，通常不会同时买入多只股票。他们首先会圈定一些备选股票，从中构建最科学的投资组合，再在恰当时机买入，这样就可保证自己的投资能够盈利。

三、必须严守交易纪律

股市中最需要的是冷静而不是狂热。股市中从不缺乏狂热之人，但成功者往往都是最冷静的人。

运气能带来一时好运，却带不来一世好运。炒股不是买彩票，更不能凭运气去买卖股票。买卖股票前一定要建立完整的交易系统，什么时候买，什么时候卖，都应按照确定的计划执行，不能随意更改。

交易纪律是投资者的铁律，要像保护自己的生命一样坚决捍卫。对一个投资者来说，没有纪律的随意操盘行为，或许能为自己带来一定收益，但这种收益却不能长久。随意买卖的操盘行为，如果长期坚持下去，养成某种习惯，投资就会陷入十分危险的境地。

每个投资者都可以根据自己的特点，制定符合自身实际情况的交易纪律。

下面 6 条是每个人都应遵守的共同纪律。

第一，建立完整的交易系统。没有完整的交易系统，就是随意的买卖行为，这等同于自杀。

第二，坚持按照交易系统的指示操作，而非根据自己的感觉或外界某些信息随意改变操盘计划。

第三，坚持自己的投资原则。投资者应该选择自己熟悉的股票进行投资。

第四，坚守盈利法则。投资者切勿贪婪，当盈利达到一定幅度时，要考虑止盈卖出。

第五，坚持“宁少勿滥”的原则。不随意操作任何一只股票。

第六，永远保持一颗平常心。

第二节 成长股投资理念：价值投资 OR 趋势交易

目前，价值投资与趋势交易是最主要的两种投资理念。在进行成长股投资时，投资者需要在两者之间有所取舍或倾向。

一、价值投资

价值投资是以股票内在价值为基础的投资交易体系。该理论认为，股价波动是围绕股票的内在价值展开的，随着外围环境的变化，股价有时会高于内在价值，有时会低于内在价值，从整体上看，股价总是要回归内在价值。在价值投资理论体系内，投资者需要将自己真正看成企业投资者（所有者），并有长期持股打算，一般需要持股 5 年以上。

价值投资理论关注的基本点包括以下两个方面。

第一，股票的内在价值。这是投资者进行投资活动的基本出发点。当然，这里所说的内在价值，不仅指股票净资产等财务方面的价值，还包括商誉、竞争优势等帮助企业获得额外利益的因素。

第二，股票的投资价值。内在价值高的股票不见得具有投资价值，因为股价可能已被炒上天了。只有股价低于股票内在价值时，才具有投资价值。其实，回头看看 A 股市场就知道，市场上内在价值高的股票并不多，而且大多数股价已被炒到很高水平，投资者要想寻找具有投资价值的股票，实际上非常困难。

下面看一下海天味业的案例。

海天味业是一家专注于生产调味品的公司。该公司生产的酱油、调味酱、蚝油等产品，在市场上具有很高的知名度和美誉度，也占有相当大的市场份额。调味品属于每个家庭日常生活不可或缺的产品，最近几年，该公司的净资产收益率都在 30% 以上，说明该股具有很强的成长性，具有较高的内在价值。再来看一下该股的日 K 线走势图，如图 6-1 所示。

从图 6-1 可以看出，自 2016 年 12 月 26 日至 2018 年 3 月 22 日，海天味业的股价由 27.37 元上涨到 60.51 元，翻了 1 倍多。

这只股票股价已经上涨到较高的位置，投资者还应不应该买入呢？从价值投资理论的角度来看，投资者不应看股价是不是已经上涨到高位，而要看此时股价相对内在价值是高了还是低了。假如到 2018 年 3 月底，该股内在价值处于 80 元以上，那么投资者应该买入。

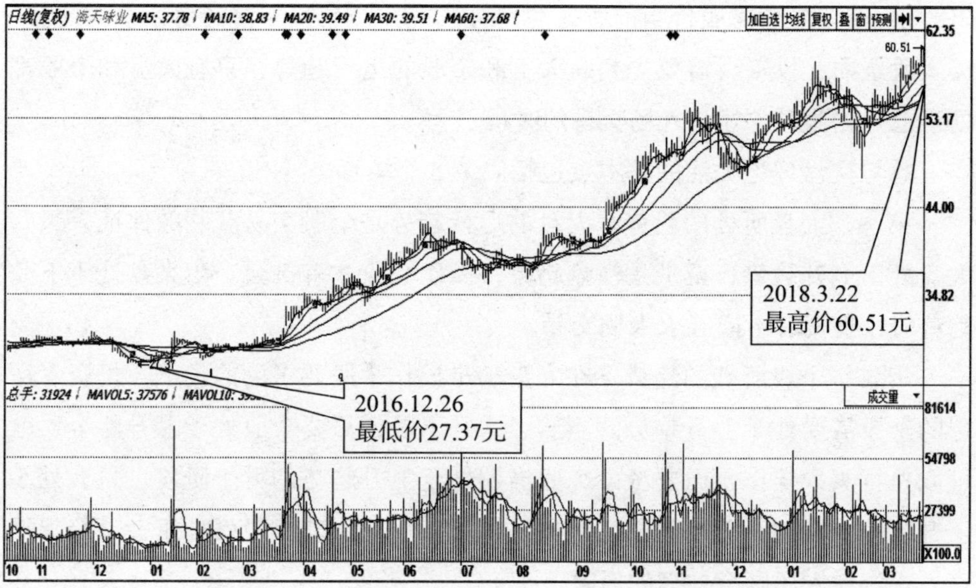

图 6-1 海天味业（603288）日 K 线走势图

站在价值投资的角度来看，无论股价处于上升趋势还是下跌趋势，只要股价低于股票的内在价值，投资者就应坚决买入，反之则不应买入。当然，评估一只股票的内在价值并不是静态的，要用发展的眼光，站在更高、更远的角度，根据行业及企业未来发展趋势，结合当前竞争优势和财务数据进行综合判断。

价值投资理论要求投资标的具有以下 4 个特点。

第一，具有显著的竞争优势。

第二，具有稳定而强劲的现金流。借助现金流数据，可较容易地识别出企业财务数据中的水分。

第三，安全边际原则。即使面对优秀的公司，也不能出价过高。

第四，长期持有原则。价值投资本身就是一种建立在长期持有基础上的投资理论。若持有时间过短，可能难以发挥该理论的作用。

二、趋势交易

目前，趋势交易是主流的投资交易思想。该理论强调，投资者买入或卖出股票，应首先考虑股价当前所处的趋势，即上行趋势、下降趋势或横向趋势。买入股票前，投资者需要先判断大盘和个股的运行趋势，只有大盘和个股都处于上升趋势时，才是入场交易的时机。

趋势交易理论关注的基本点包括以下3个方面。

第一，大盘所处的趋势。大盘的运行趋势是个股交易获利的保证，只有大盘处于上升趋势，至少是横盘趋势，操作个股才有机会。当大盘处于下跌趋势时，投资者不应寻求入场交易。

第二，个股所处的趋势。在大盘满足操作个股要求的前提下，投资者所选的个股需要处于上升趋势。当然，这并不是说只要个股处于上升趋势，就可以执行买入操作，而要考虑个股当期处于上升趋势的哪个阶段。只有处于上升阶段初期的个股才是良好的交易标的；反之，若个股已处于上升趋势尾声，投资者入场则有被套的风险。

第三，抛开不具有内在价值的垃圾股。尽管趋势交易对个股质地要求不高，但投资者也要尽量回避那些基本面极差或存在退市风险的个股。

其实，无论哪种投资理念，确保资金安全永远是第一位的。宁可错过，也不要做错。股市中机会天天都有，但你手中的资金不见得天天都有。

下面来看一下康缘药业的案例。

康缘药业是一家从事中医药研发与生产的公司。该公司生产的中药产品有50余种，拥有13个国家批准的新药证书，主导产品桂枝茯苓胶囊被国家科技部列为中药现代化示范项目。最近几年，该企业净资产收益率都在10%以上。净利润增长率相对前几年有所回落，说明该股具有一定成长性，但存在增长乏力的问题。再来看一下该股的日K线走势图，如图6-2所示。

2016年下半年，康缘药业的股价启动反弹，到2016年10月13日，该股股价到达19.57元的高位后，出现震荡下跌走势。2016年11月28日，股价K线跌破60日均线，且多条均线形成死亡交叉形态，股价运行于各条均线下方，说明该股股价已经进入空头格局。从趋势交易的角度考虑，该股未来下跌的概率远远大于上涨的概率，投资者宜执行卖出操作。

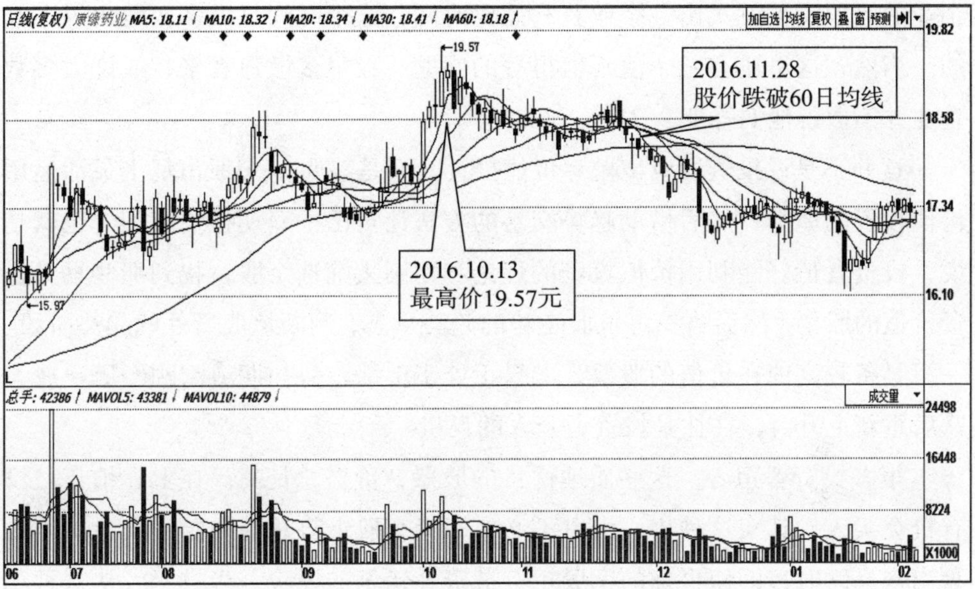

图 6–2 康缘药业（600557）日 K 线走势图

从图 6-1 和图 6-2 的对比可以看出，价值投资对股价运行趋势关注很少，只考虑股票是否具备投资价值，而趋势交易则对股票的内在价值关注很少，更看重股价在未来一段时间内能否上升。

三、价值投资与趋势交易的平衡

提到投资成长股，更多的人倾向于使用价值投资的方法。借助价值投资理论，确实可以挖掘到富有投资价值的个股，同时回避那些可能存在地雷的个股。不过，价值投资并不适合每个投资者。

这里存在以下两个原因。

第一，作为股市中的散户，掌握的信息非常有限，而且难以深入企业进行调研，这非常不利于评估股票价值。换句话说，连个股真实价值都不知道，如何做价值投资？

第二，大部分散户很难做到十几年甚至几十年持有一只股票。价值投资理论需要投资者像企业所有者那样对待企业，因为他们不可能今天买入一个企业的股票明天就卖出。企业获利需要时间，这个时间是大多数散户等不起的。当然，这里还有一个值不值得等的问题。在很多散户看来，或许大多数企业并不值得他们等那么久。

这并不是说投资者应该抛弃价值投资，而是需要在A股市场上灵活运用价值投资的原则，然后借助趋势交易的方法让自己中短期投资获利。也就是说，投资者最好能利用价值投资的理论和原则去筛选个股，找到那些具备投资价值的股票，然后再参考该股走势的趋势形态，判断该股所处的趋势阶段。一只具备较高内在价值的股票，如果正处于上涨趋势初期或刚刚经历一波大跌后重新上升时，往往是投资者介入的良机。

很多投资者担心，这些质地优良的股票，价格总是高高在上，怕自己没有机会买入。其实这种担心大可不必，毕竟个股走势总是受制于大盘，当大盘出现暴跌时，即使再好的个股也有被资金错杀的风险。当投资者从这种恐慌中走出来时，往往是这些个股上涨的黄金时段。

下面先来看一下上证指数日K线走势图，如图6-3所示。

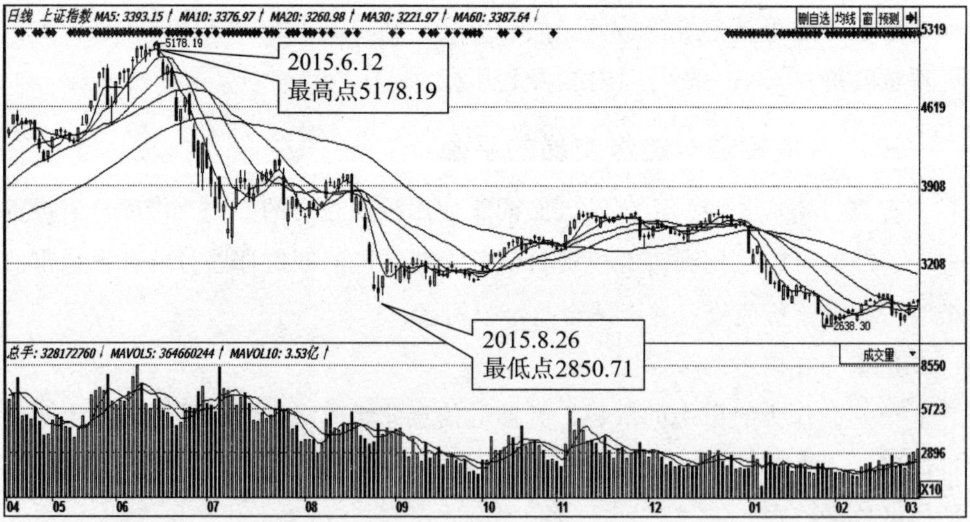

图6-3 上证指数（000001）日K线走势图

从图 6-3 可以看出，上证指数自 2015 年 6 月 12 日到达 5178.19 点高位后，立即反转向下，出现连续暴跌走势。各路资金争相出逃，导致大盘连续走低。此时，无论是质地优良的成长股还是垃圾股，无一幸免地都出现暴跌走势。

再来看一下贵州茅台的走势，如图 6-4 所示。

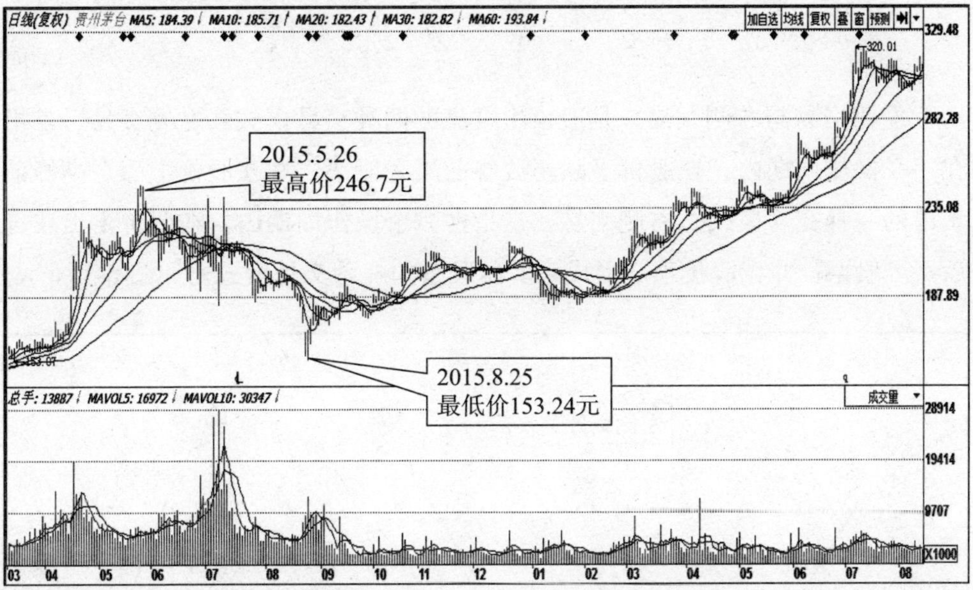

图 6-4　贵州茅台（600519）日 K 线走势图

在前面的案例中，曾经多次提及贵州茅台。现在，贵州茅台是 A 股市场上绩优股的标杆，而且具备较好的成长性。

不过，贵州茅台也不是没给投资者买入的机会。在 2015 年 6 月中旬大盘暴跌时，贵州茅台的股价从最高点的 246.7 元下跌至 153.24 元，跌幅超过 35%。

其后，该股股价 K 线很快向上突破数条均线，并重新开始连续上升走势。其实，对偏好成长股交易的投资者来说，该股 2015 年下半年的下跌就是一个极佳的买入时机。

第三节　交易策略选择

左侧交易与右侧交易，是股市中常见的两种交易模式。左侧交易，是指在一个操作周期内，在股价下跌至波谷前买入股票，并在股价上涨至高峰前卖出的一种交易模式。右侧交易，是指在一个操作周期内，在股价走出波谷后买入股票，并在股价顶部形成后卖出股票的一种交易模式。如图 6-5 所示。

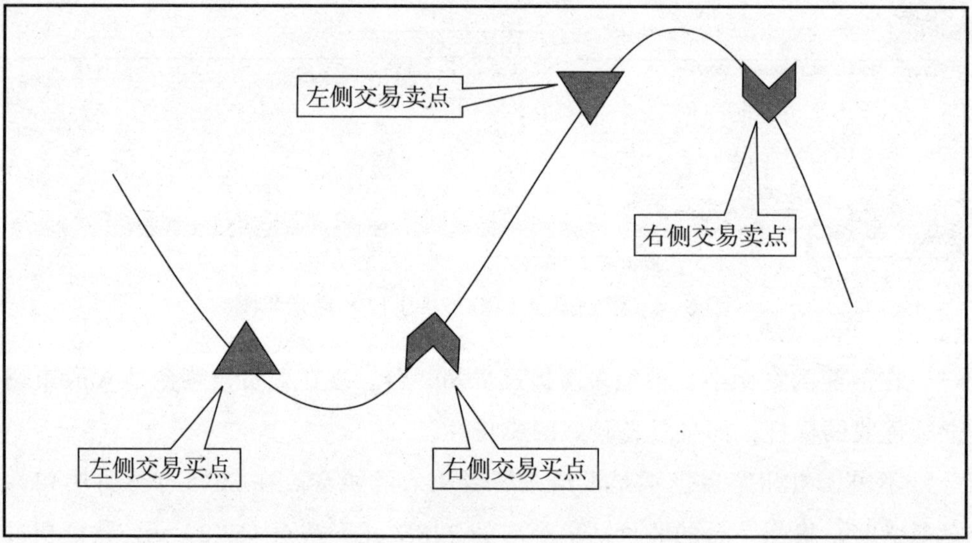

图 6–5　左侧交易与右侧交易

左侧交易模式强调对股价预判的及时性，即尽量做到在最低点前买入，在最高点前卖出。右侧交易模式则强调对股价运行趋势的确认，即当股价趋势走出低谷时买入，在股价顶部已经形成时卖出。

从本质上来说，两种交易模式没有高低上下之分，投资者可根据个人投资偏好、性格特征做出选择。通常情况下，无论是左侧交易系统还是右侧交易系统，都需要一些技术指标来辅助判断股价的底部与顶部。本节以最常使用的均线为例进行介绍。

一、左侧交易系统

左侧交易系统包括买入条件、仓位、加仓、卖出与止损设置等内容。这些具体交易条件在后面章节会详细介绍，这里只是为了全景展现左侧交易系统做的简单描述。

1. 买入条件及仓位控制

（1）股价处于下跌途中且出现企稳迹象。经过一段时间的向下运行后，短期均线出现向上拐头迹象，股价向上穿越短期均线，说明空方力量减弱，股价即将结束下跌。此时，左侧交易的投资者可以考虑入场交易。

（2）鉴于左侧交易风险较高，一般入场仓位应控制在 30%（计划总买入量的 30%）以下。

2. 加仓条件及仓位控制

（1）加仓条件。投资者建仓后，若股价启动上涨，短期均线向上穿越中期均线形成低位黄金交叉，可考虑第一次加仓买入。短期均线、中期均线双双穿越长期均线，可考虑第二次加仓买入。

（2）加仓仓位。

第一次加仓，仓位控制在 30%（计划投入资金量的 30%）以下。

第二次加仓，仓位控制在 30%（计划投入资金量的 30%）以下。

剩余资金留作备用，除遇特别好的机会，否则不再加仓。

3. 卖出条件

（1）经过一段时间的上涨后，股价向下跌破短期均线，且短期均线出现拐头向下迹象，说明多方力量减弱，股价即将结束上涨。此时，左侧交易的投资者可卖出 50% 持仓。

（2）短期均线向下穿越中期均线形成高位死叉，可清空持有的股票。

4. 止损条件

短期均线拐头向上后，股价不涨反跌，同时短期均线重新拐头向下，说明判断错误，投资者宜卖出止损。

下面简单介绍一下基于左侧交易系统的交易案例，如图 6-6 所示。

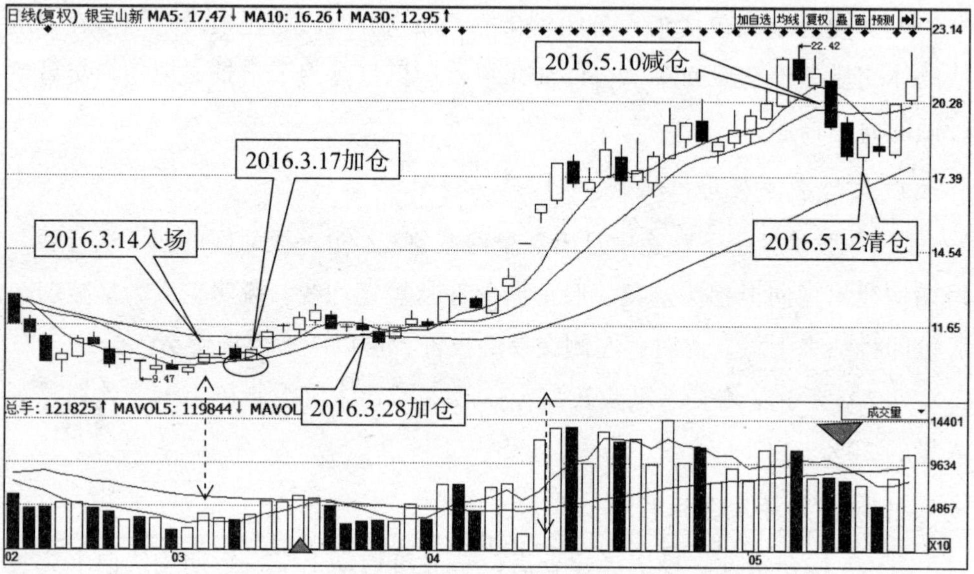

图 6-6　银宝山新（002786）均线指标走势图

2016 年 2 月底，银宝山新的股价出现一波震荡下跌行情。股价跌至谷底后不再下跌，开始横向盘整，说明空方力量不足。3 月 14 日，股价向上突破 5 日均线，且 5 日均线拐头向上，擅长左侧交易的投资者可考虑建仓该股。

随后该股继续上涨。3 月 17 日，5 日均线向上突破 10 日均线，形成低位黄金交叉，投资者可考虑第一次加仓买入。3 月 28 日，5 日均线、10 日均线向上突破 30 日均线，投资者可考虑第二次加仓买入。

5 月 10 日，该股股价在上涨途中出现回调，跌破 5 日均线，且 5 日均线出现拐头向下迹象，投资者可减仓 50%。

5 月 12 日，该股股价继续下跌，5 日均线向下跌破 10 日均线，形成高位死叉，投资者可考虑清仓。

通过对图 6-6 案例的分析可以看出，基于左侧交易系统的交易活动往往存在这样的问题：第一，买入过早，有可能被套在半山腰；第二，卖出过早，会错过股价后期大幅上涨的机会。投资者可根据个人偏好和经验适度修正、完善这一交易系统，使买点与卖点的把握更加准确。

通常情况下，投资者可采取以下 3 种修正措施。

第一，引入量价关系分析系统，使买入和卖出时间后移，提升交易准确性。

第二，引入其他技术指标进行分析，使买入信号更加准确。

第三，延长均线的分析周期。在本案例中，使用了 5 日、10 日、30 日均线组合，投资者可尝试使用 10 日、20 日、60 日等均线组合。

二、右侧交易系统

右侧交易系统的构成与左侧交易系统相似，主要包括以下 4 个方面。

1. 买入条件及仓位控制

（1）股价处于上涨途中。股价上涨带动短期均线与中期均线形成黄金交叉，且交叉点位于长期均线之上。

（2）右侧交易入场仓位可以根据市场情况适当调整，一般应控制在 40%（计划投入资金量的 40%）以下。

2. 加仓条件及仓位控制

（1）加仓条件。投资者建仓后，若股价持续上涨，短期均线出现回调遇中期均线支撑再度上涨，可考虑加仓买入。

若股价跌破中短期均线，但在长期均线处获得支撑，也可考虑加仓买入。

（2）加仓仓位。

第一次加仓，仓位控制在 40%（计划投入资金量的 40%）以下。

第二次加仓，仓位控制在 20%（计划投入资金量的 20%）以下。

3. 卖出条件

（1）股价滞涨，短期均线自上而下与中期均线形成高位死叉，可卖出大部分持仓股票（具体比例应根据股价上涨幅度决定，上涨幅度越大，卖出比例越大）。

（2）中短期均线跌破长期均线，则清空该股。

4. 止损条件

股价自上而下跌破长期均线，则坚决止损。

下面简单介绍一下基于右侧交易系统的交易案例，如图 6-7 所示。

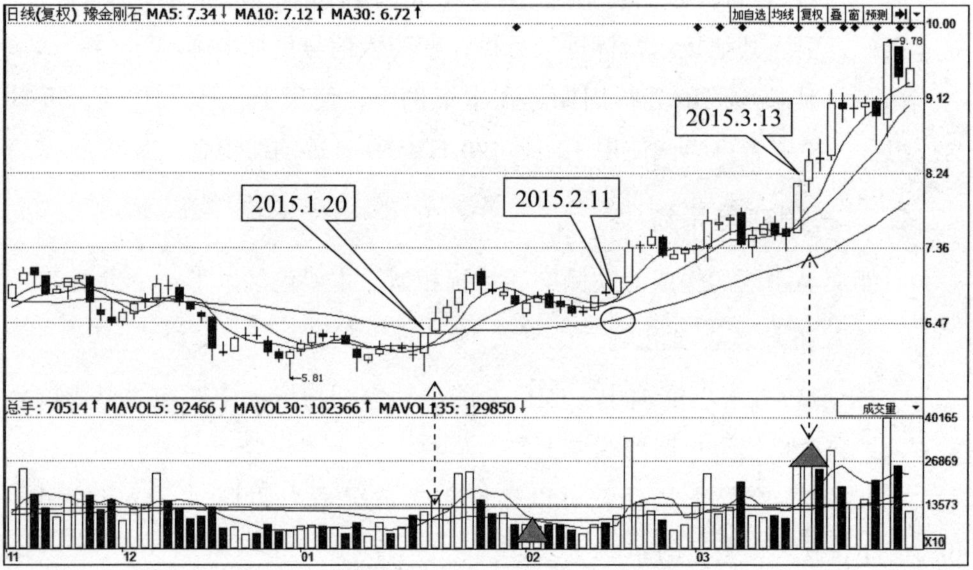

图 6–7 豫金刚石（300064）均线指标走势图（一）

2014 年年底至 2015 年年初，豫金刚石的股价经历一波震荡筑底行情。其中，2015 年 1 月 20 日，该股股价突破短期均线，且 5 日均线与 10 日均线形成黄金交叉。不过，此交叉点位于 30 日均线下方，并不符合预先设定的建仓条件。其后，该股股价与短期均线陆续穿越 30 日均线后出现回调。

2 月 11 日，该股股价重新上攻，5 日均线再度穿越 10 日均线，且交叉点位于 30 日均线上方，说明此时符合买入条件，投资者可在此时建仓。

3 月 13 日，该股股价和 5 日均线回调至 10 日均线附近，因受 10 日均线的支撑再度上攻，投资者可在此时加仓买入。

此后，该股一路上攻，如图 6-8 所示。

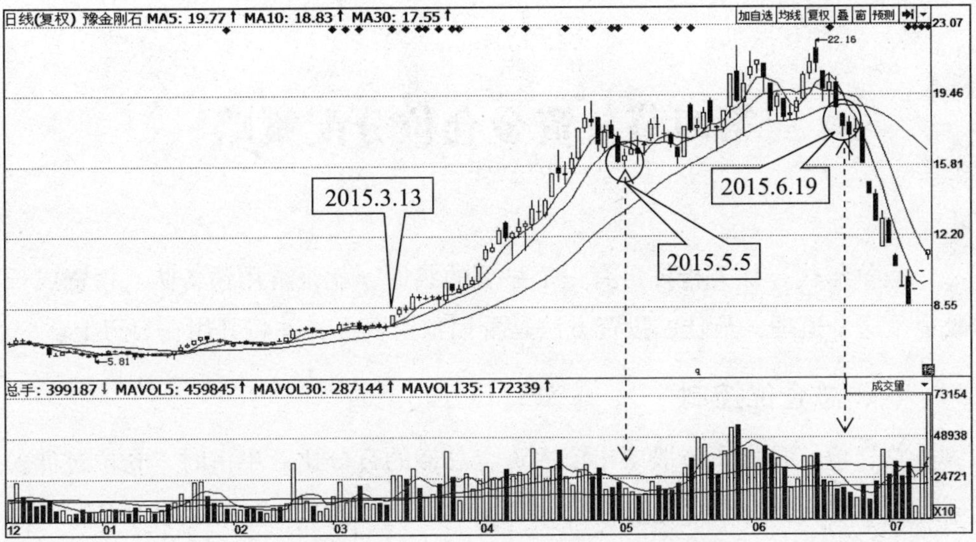

图6-8　豫金刚石（300064）均线指标走势图（二）

2015年5月5日，豫金刚石的股价触顶回调，5日均线向下跌破10日均线，形成高位死叉，鉴于死叉点位于30日均线上方，投资者可考虑减仓操作。

其后该股震荡上扬，但各条均线出现放平迹象，说明该股上攻乏力。6月19日，股价跌破30日均线，说明该股走势已坏，宜清仓卖出。

通过对该案例的分析可以看出，基于右侧交易系统的交易活动往往存在这样的问题：第一，买入过晚，买入时股价上升幅度已大；第二，卖出过晚，会错过最佳卖出机会。投资者可根据个人偏好和经验适度修正、完善这一交易系统，使对买点与卖点的把握更加准确。

通常情况下，投资者可采取的修正措施包括以下两点。

第一，引入其他技术指标辅助分析，使买入信号更加及时。

第二，调整买入与卖出仓位分布，设置完善的止盈位，确保盈利安全落袋。

一般而言，右侧交易系统尽管获利不如左侧交易系统，但安全性明显优于左侧交易系统。喜欢价值投资的交易者经常利用左侧交易系统入场建仓，而中短线交易者倾向于右侧交易系统。不过，投资成长股运用左侧交易系统可以降低持仓成本。

第四节　资金仓位分配策略

战争年代，优秀指挥员有一个显著的共性，就是善用预备队。投资成长股也是这个道理，最佳的投资方法是善用预留资金，并将其用在刀刃上。

一、总仓位控制

总仓位，是指所持股票市值占资金总额的百分比。牛市时，仓位过低，可能会错过股价上涨带来的利润。熊市时，仓位过高，又会造成较大的亏损。如何科学合理地控制总仓位，是每个投资者炒股的必修课。

总仓位水平的设定，与整个股市运行情况、个人风险承受能力密切相关。很多操作成长股的投资者喜欢买入股票后就放置不管，其实这是一种非常消极的投资方法，很难将获利最大化。若能根据股价的波动情况合理调节股票的持仓水平，将会大大强化收益水平。

下面来看一下近两年的大盘指数走势情况，如图 6-9 所示。

从图 6-9 可以看出，2017 年年初至 2018 年的一段时间，大盘指数呈现出横向震荡走势。换句话说，投资者若持有大盘指数这只股票，可能在一年多的时间里不仅不会获利，反而可能会出现亏损。正因如此，在具体操盘过程中，投资者可根据股价运行趋势适当加仓或减仓，以使自己获利最大化。

例如，投资者可在 2017 年 4 月 7 日之后适当减仓，在 2017 年 5 月 11 日之后补仓，在 2018 年 1 月 29 日之后适当减仓，并在其后择一低点补仓。

关于总仓位水平的设定，可参考以下 3 条原则。

1. 总仓位水平线

投资者可将总仓位水平线划分为空仓、30% 线、50% 线、70% 线、满仓 5 个水平。鉴于股市中没有绝对安全的时间，因而应尽量避免满仓操作。

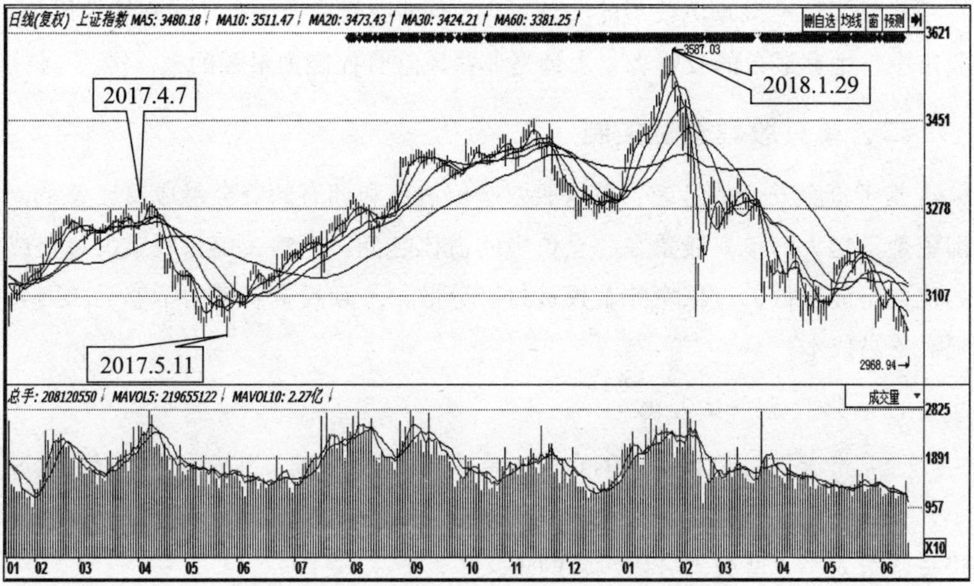

图 6–9　上证指数（000001）日 K 线走势图

2. 上涨趋势中总仓位水平线设置

大盘和股价自底部区域开始上涨时，投资者可从 30% 仓位逐渐加仓至 70% 仓位。加仓过程中，投资者必须保证一条：加仓前的股票已经出现盈利。当股价上涨至高位时，投资者不必等到股价开始下跌或回调才减仓，应在股价上涨乏力时就开始降低仓位，一旦股价开始下跌，就立即清仓。

3. 下跌趋势中总仓位水平线设置

原则上，大盘和个股处于下跌趋势中，投资者一定要空仓等待。事实上，很多投资者都抑制不住交易的冲动，当股价出现反弹时，就迫不及待地入场交易。

当大盘和个股跌幅较大且出现反弹时，投资者可酌情少量买入，总仓位一定要控制在 30% 以下，并设置好止损位。当股价进一步下跌，且投资者未能有效止损时，可考虑在股价继续下跌 30% 以上时补仓至 50% 仓位，而后择机短线操作，拉低成本价。

虽然无法准确预测股价的波动，但可通过控制总仓位水平线来管控风险。股市中，生存最久的投资者，永远是那些风险管控能力最强的人。

二、单只股票仓位控制

基于资金安全的考虑，单只股票仓位占比和拥有的资金量成反比关系，即资金量越大，单只股票在总仓位中的占比越低。当然，单只股票占总仓位的比例不能过低，过低意味着投资过于分散，一则投资者精力不够，二则会提高交易成本。

1. 单只股票仓位占比

通常情况下，单只股票的仓位占比不应超过30%。当然，如果资金量过小，可以突破这一限制。控制单只股票的仓位占比，本意是要分散风险，如果资金量太小，就失去分散风险的意义了。

2. 股票数量控制

人的精力是有限的，不能为了分散风险，一味增加持有的股票品种。如果资金量不是太大，个人认为持有的股票最好不要超过5只，单只股票仓位控制在30%以下为宜。当然，某一时段某只股票属于市场热门品种，可以提升该只股票的仓位占比，但出于投资安全考虑，也应控制在50%以下。

无论是总仓位控制，还是单只股票仓位控制，本质上都是控制投资风险。A股市场上，投资者可获得的个股信息十分有限，从已知信息上看，有些个股可能已经属于绩优成长股，但也可能有一些不为所知的信息，这些信息可能会对股价造成毁灭性打击，因而在操作成长股时，投资者要避免把所有资金放到一只股票上。

三、资金管理

股市中获得收益的多少，并不决定于交易成功的次数，而是取决于交易失败的次数。成功的投资者是那些能把交易失败的损失降到最低的人。资金管控是控制和减少损失最有效的方法和手段。

1. 预留资金比例控制

预留资金比例，因投资者个人投资偏好和风险承受能力的不同而异，但一般不应少于 20%。牛市时可以直接设定在 20% 的水平，熊市时则要提高预留资金比例。即使是一次非常强劲的反弹，也要保证预留资金不低于 30%，而且投入预留资金时，要做好资金回收计划。

2. 止损比例控制

止损位的设置，是考验资金管理能力的重要指标。一个人的风险承受能力强，投资风格属于进攻型，止损位设置幅度可以稍大一些。反之，如果风险承受能力弱，投资风格属于保守型，则可将止损位幅度设置小一些。

投资成长股并不是不需要止损位，而是能承受更大幅度的损失。例如，当买入一只股票后，该股不断走低，且距买入点位已有 30% 的跌幅，这时投资者即使不抛空止损，也应卖出相当部分的股票以减少损失。当然，投资者也可在股价止跌企稳时再补仓买入。

这里有一点投资者需要注意：通常情况下，成长股的跌幅十分有限，除非遇到大盘暴跌。也就是说，面对成长股的暴跌，投资者要有清醒的认识：其一，若大盘暴跌，连带个股跟随下跌，投资者宜卖出部分股票回避风险，待股价止跌企稳时再买入股票。其二，若大盘只是小幅下跌，而个股出现暴跌，投资者需要重新审视个股情况。若个股基本面出现恶化或选股时遗漏重要不利信息，投资者需要坚决止损卖出，并承认选股失败。

第七章

成长股实战操盘计划

本章重点介绍一些成长股实战交易的策略与方法，供读者参考。

第一节　大势研判

在股票交易中，分析股价趋势，寻找阻力位、支撑位是一项极其重要的工作，交易成长股也不例外。只有大盘处于上升至少是横向盘整态势中，买入个股才能拥有较高的获利概率。在买入成长股前，投资者需要先研判大盘的运行趋势和方向。

股价运行趋势主要包括 3 种：上升、下降和水平。在股价运行过程中，如果出现的每个波峰与波谷都高于前一个波峰与波谷，那么就是上升趋势；如果每个波峰与波谷都低于前一个波峰与波谷，那么就是下降趋势；如果前后的波峰与波谷基本持平，那么就是水平趋势，或者称之为横盘趋势、震荡趋势。这里重点研究上升趋势和下降趋势。

一、上升趋势与支撑位

股价或指数沿上升趋势线上行，则未来继续上攻的可能性较大，当股价或指数回调遇到趋势线，会受到一定的支撑重新上攻。如果股价或指数向下跌破上升趋势线，则意味着股价或指数将结束上升趋势，开启下跌行情。

要想准确判断大盘的上升趋势与支撑位，投资者首先要绘制一条上升趋势线。

1. 上升趋势线基本画法

画上升趋势线时，需要掌握以下 4 个要领。

第一，上升趋势线是以两个回调低点为关键点位画出的直线，因此第二个低点必须高于第一个。通常情况下，这两个下跌低点应是股价两次回调后重新上涨的转折点。

第二，两个下跌低点之间必须有一定的距离，不能是两个紧紧相邻的低点。

第三，通过两个上升的低点连线画出的上升趋势线，必须得到第三个低点的确认。

第四，画上升趋势线时，必须以K线实体为出发点，即以阳线的开盘价或阴线的收盘价为基点。

下面来看一下上证指数日K线走势图，如图7-1所示。

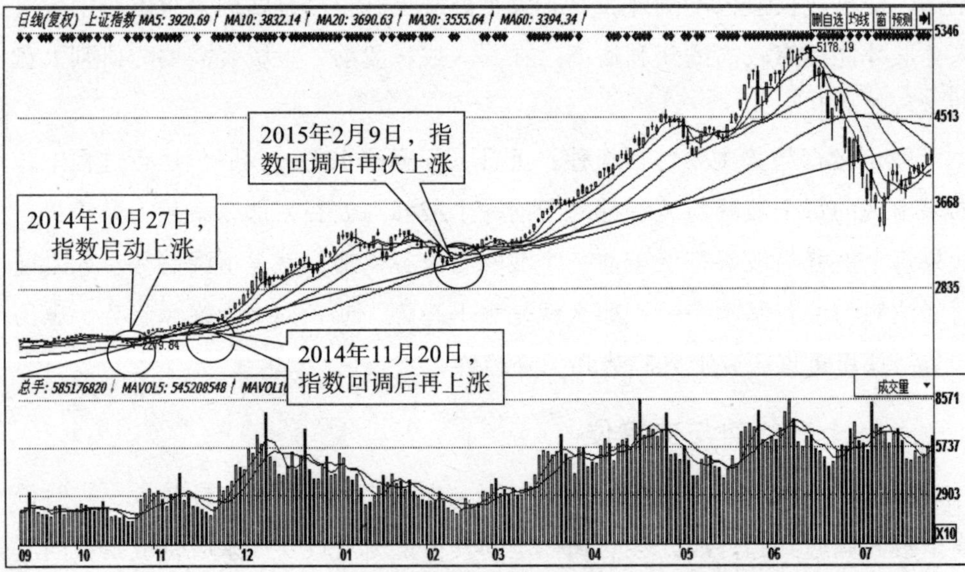

图7-1　上证指数（000001）日K线走势图

2014年下半年，上证指数出现震荡上涨走势。10月27日指数创出一个回调低点后出现上涨，11月20日再次出现一个回调低点，且当日形成的低点高于10月27日的回调低点，说明该股处于上升趋势。此时，投资者可用这两个低点画出一条上升趋势线。2015年2月9日，上证指数回调几日后到达趋势线位置，因受到趋势线的支撑重新上涨，说明该趋势线对指数具有一定的支撑作用。

基于此，投资者可以做出如下判断：第一，大盘已经进入上升趋势，且未来有加速上升的可能；第二，鉴于大盘走势极佳，个股将会迎来一波上涨行情。此时，投资者可按照一定的方法寻找目标股票，准备介入市场。

2. 画上升趋势线注意要点

画上升趋势线时，需要注意以下 4 点。

第一，上升趋势线画好后，可能会穿越一根或多根 K 线实体，只要该 K 线实体没有完整地位于趋势线以下，就可认定该趋势线有效。事实上，股价在回调过程中形成的短期底部，往往相邻的几根 K 线价格趋近，这时选择其中的最低点与其他低点相连时，不可避免地会穿越某根 K 线实体。

第二，绘制上升趋势线时，还要考虑股价的除权、除息等问题。如果一只股票近期（即绘制趋势线跨越的周期）出现除权或除息，在绘制上升趋势线前，投资者应该将其复权，然后再绘制上升趋势线。

第三，为了保险起见，针对一波上涨行情，投资者可画出多条上升趋势线，之后再随着股价的变动不断修正和取舍，直至确认趋势线对股价确有支撑作用为止。

第四，绘制技术指标的上升趋势线时，可以直接以技术指标线两次回调后上涨的转折点作为关键点位。同时，第二个转折点必须高于第一个，否则不能称为上升趋势线。

3. 上升趋势线的交易指导意义

大盘的上升趋势线能让股票交易者明白以下 4 点。

第一，大盘指数沿上升趋势线上行，说明大盘处于上升趋势中，买入个股后盈利概率极大。

第二，只要大盘指数运行于上升趋势线上方，投资者手中的个股没有出现大幅回调，就可以一直持有该股。当然，若个股发出明确的滞涨或触顶回落信号，投资者应执行卖出操作。

第三，大盘指数或个股股价沿趋势线上升，上升行情末端往往会有一段加速上涨行情，即指数或股价回调低点要远远高于上升趋势线预设的价位，此时投资者可持股待涨，避免操作。鉴于股价已经上涨至较高位置，投资者不宜再追涨买入。

第四，趋势线位置就是股价在上涨过程中的回调支撑位，大盘指数一旦有效跌破支撑位（即连续 3 个交易日位于上升趋势线下方），则说明大盘有可能打破上升趋势，投资者宜根据个股情况执行卖出操作，此时已不适宜再进行买入操作。

下面来看一下华孚色纺的案例，如图 7-2 所示。

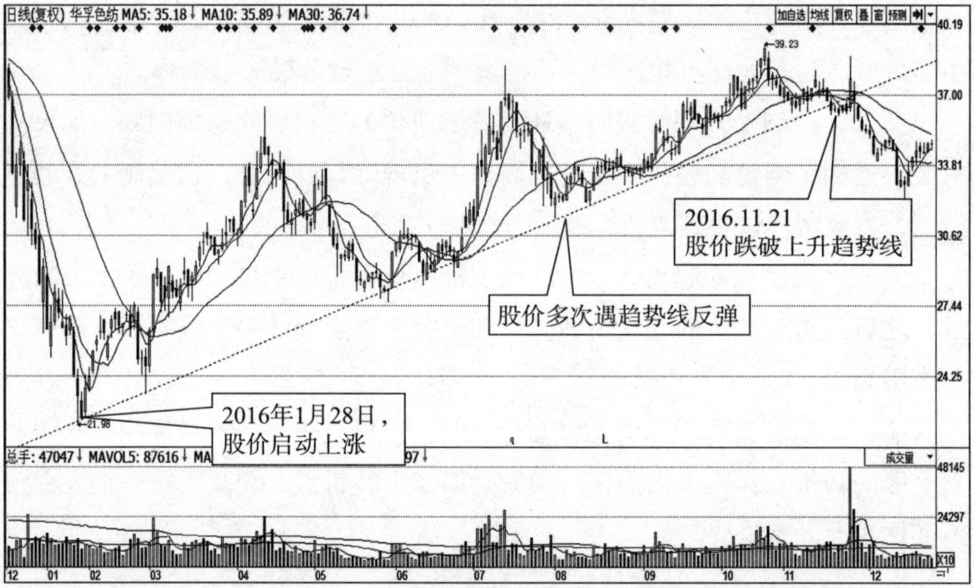

图 7-2　华孚色纺（现名华孚时尚，002042）日 K 线走势图

华孚色纺自 2016 年 1 月 28 日启动反弹走势后，股价一路震荡上行。按照之前上升趋势线的画法，投资者可为华孚色纺绘制一条上升趋势线。其后，在股价回调过程中，该股股价多次受到上升趋势线的支撑重新上升。2016 年 11 月 21 日，该股股价连续 3 个交易日落于上升趋势线下方，说明该支撑位已经失效。鉴于当时大盘同步出现跌破上升趋势线的情况，投资者可执行卖

出操作。

二、下降趋势与阻力位

股价或指数沿下降趋势线下行，则未来继续下跌的可能性比较大，当股价或指数反弹遇趋势线，会受到一定的阻力重新下跌。如果股价或指数向上突破下降趋势线，则意味着股价或指数将结束下降趋势，开启反弹行情。

要想准确判断大盘的下降趋势与阻力位，投资者首先要绘制出一条下降趋势线。

1. 下降趋势线基本画法

画下降趋势线时，需要掌握以下 4 个要领。

第一，下降趋势线是以两个反弹高点为关键点位画出的直线，投资者选择的第二个高点必须低于第一个。通常情况下，这两个反弹高点应该是股价或指数两次反弹后重新下跌的转折点。

第二，两个反弹高点之间必须有一定的距离，不能是两个紧紧相邻的高点。

第三，通过两个反弹高点连线画出的下降趋势线，必须经过第三个高点确认。

第四，画下降趋势线时，必须以 K 线实体为出发点，即以阳线的收盘价或阴线的开盘价为基点。

下面以上证指数为例进行说明，如图 7-3 所示。

从 2018 年年初开始，上证指数走出一波下跌行情，沿下降趋势线运行。

1 月 29 日，上证指数收出一根大阴线，预示指数反弹遇阻，将要走低。

3 月 21 日，在经历几个交易日的回调整理形成一个高点后，指数再次拉出一个带上影线的小阳线，此后指数重新下跌。投资者可以用这一高点与此前股价启动下跌前形成的高点画出一条下降趋势线。

4 月 10 日，指数盘整几日后到达趋势线位置，因受到趋势线的阻力重新下跌，说明此趋势线具有一定的阻力作用。

图 7–3　上证指数（000001）日 K 线走势图

此后上证指数一路沿着趋势线下跌，且在反弹到趋势线附近时，都因受到趋势线的阻力重新下跌。

2. 画下降趋势线注意要点

画下降趋势线时，需要注意以下 4 个要点。

第一，与上升趋势线相似，下降趋势线画好后，可能会穿越一根或多根 K 线实体。只要该 K 线实体没有完整地位于趋势线以上，就可以认定该趋势线有效。事实上，股价或指数在反弹过程中形成的短期顶部，往往相邻几根 K 线价格趋近，这时选择其中的最高点与其他高点相连时，不可避免地会穿越某根 K 线实体。

第二，绘制下降趋势线时，还要考虑股价的除权、除息等问题。如果一只股票近期（即绘制趋势线跨越的周期）出现除权或除息，在绘制下降趋势线前，投资者应将其复权，然后再绘制下降趋势线。

第三，为了保险起见，针对一波下降行情，投资者可以画出多条下降趋势线，之后随着股价或指数的变动不断地修正和取舍，直至确认趋势线对股价或指数有阻力作用为止。

第四，绘制技术指标的下降趋势线时，可以直接以技术指标线两次反弹后下跌的转折点为关键点位。同时，第二个转折点必须低于第一个，否则不能称之为下降趋势线。

3. 下降趋势线的交易指导意义

一条下降趋势线能让投资者明白以下5点。

第一，大盘指数沿下降趋势线下行，说明大盘处于下跌趋势中，买入个股后亏损的概率极大。

第二，大盘指数处于下降趋势时，投资者最好空仓观望。如果大盘指数波动范围较大或跌幅巨大，投资者可以考虑轻仓参与交易，并设置好止损位，但不可持仓过久，以免被套。

第三，股价或指数沿趋势线下降的末端，往往会有一段加速下跌行情，即股价或指数反弹高点要远远低于下降趋势线预设的价位，此时预示股价或指数即将到底，投资者可保持观望。

第四，如果没有特别强大的外力作用，股价或指数沿趋势线下跌会非常容易，而且会有加速的迹象。在下降趋势中，投资者必须学会耐心等待，不能见到股价或指数偏离趋势线距离较大，就盲目进场交易，博取短期收益，因为这可能仅仅是股价或指数加速下跌的信号。

第五，下降趋势线位置是股价或指数下跌过程中反弹的阻力位，如果股价或指数放量突破下降趋势线阻力位（股价连续3个交易日位于下降趋势线上方），则可认定股价或指数有改变运行趋势的可能，投资者宜密切关注股价或指数动向，在合适的时机买入股票。

下面来看一下金种子酒的案例，如图7-4所示。

2017年11月10日，金种子酒的股价开启一波震荡下跌走势。在下跌过程中，该股股价曾经出现若干次反弹，投资者可利用反弹高点画线，绘制一条下降趋势线。其后，该股股价每次反弹至下降趋势线附近时，均因下降趋势线的阻力作用重新下跌。

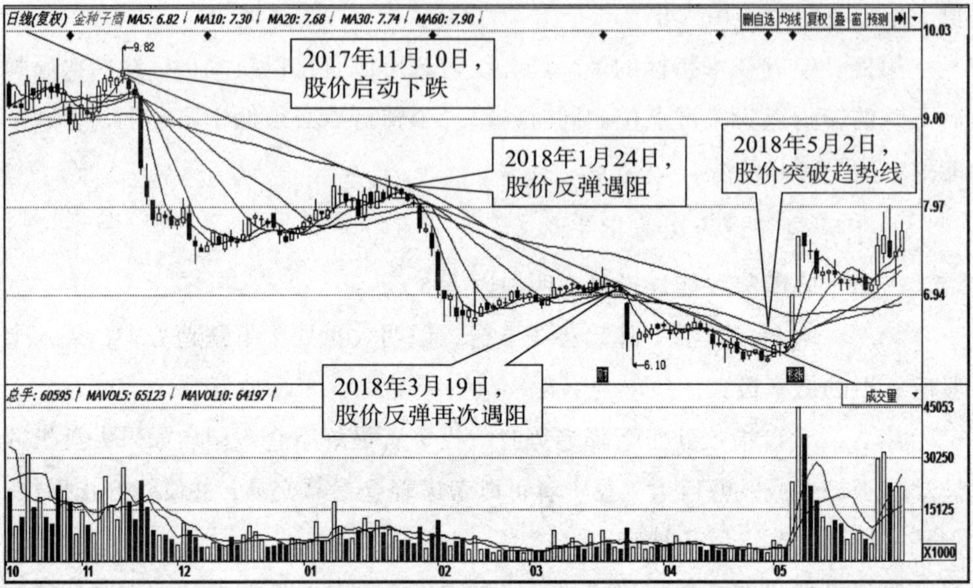

图 7-4　金种子酒（600199）日 K 线走势图

2018 年 5 月 2 日，该股股价向上突破下降趋势线。此后连续 3 个交易日位于下降趋势线上方，说明股价已经有效突破下降趋势线，其运行趋势可能会发生转变。

通常情况下，在研判大势时，投资者需要注意以下两点。

第一，原则上，只有大盘和个股处于上升趋势，或大盘处于震荡趋势且个股处于上升趋势时，才能入场买入股票。

第二，当大盘和个股出现异常暴跌时，往往是成长股建仓的良机。正常情况下，成长股的股价都会处于相对较高的位置。但若大盘出现恐慌性暴跌，这些业绩优良的成长股可能会随之暴跌，这对于想要入手成长股的投资者来说，是一个抄底的良机。当然，由于大盘趋势未明，投资者即使看好某只股票，也不宜全仓杀入，而应分批分步入场。关于成长股的买入，后面章节会详细介绍。

第二节　成长股买入策略

巴菲特曾经说过，“在别人贪婪时恐惧，在别人恐惧时贪婪”。这句话用在交易成长股再恰当不过了。也就是说，借助左侧交易系统，在股价大幅下跌过程中逐步建仓，在股价大幅拉升过程中逐渐减仓，确实是一个不错的交易策略。不过，买入成长股并不是找到一只大幅下跌的股票完成建仓那么简单，下面具体说明交易成长股的 4 个策略内容，如图 7-5 所示。

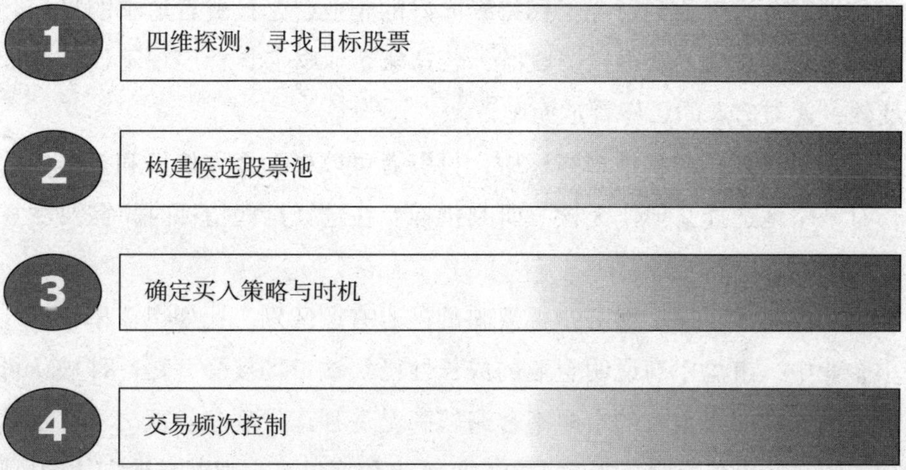

图 7–5　成长股买入策略

一、四维探测，寻找目标股

前面介绍了评价成长股的 4 个维度。在 A 股市场上，可能有些成长股在这 4 个维度上表现得都非常优秀，有些可能存在不足。存在不足的成长股或许会让很多投资者产生疑虑，怀疑这些股票能否作为操作目标。

从另一方面来说，4 个维度表现俱佳的成长股，其股价可能早就被炒上天了，这些股票并不一定具备投资交易价值。恰恰是那些存在不足的成长股，可能拥有更好的成长空间。毕竟事物是运动发展的，作为投资者，需要用发展的思维来看待这些股票。

其实，无论从4个维度还是从其他更多维度去分析目标股票，最终目的只有一个，就是找到目标股票的核心优势，判断这些优势能持续多久，能为企业带来多大的实质性利益。从这个角度来说，若一家企业在某一维度的优势表现得特别明显，且能为企业带来可观的收益，那么这样的企业就可以作为候选标的。当然，其他维度也不能表现太差。

下面来逐项检讨之前的4个分析维度。

1. 财务维度

借助财务维度找到财务指标持续向好的企业，是投资者追求的目标。投资某家企业就是为了获得投资收益，若这家企业财务指标表现不佳，股价必然疲软，这与追求的目标背道而驰。

在财务维度所列的诸多指标中，投资者可以根据个人偏好和投资标的不同，有策略地选择几项作为核心研判指标。在选择这些指标时，需要注意以下5个问题。

第一，行业不同，财务指标反映的内容有所区别。比如市盈率指标，在中小企业中，市盈率高说明企业的成长性已经被市场接受，是一种被认可的表现，因此，中小企业的市盈率普遍较高是一种正常现象；反之，在钢铁和银行业中，低市盈率则是正常现象，如果市盈率过高，则存在被高估的风险。投资者要根据行业不同，来分析财务指标背后的意义。

第二，通常情况下，大家喜欢用净资产收益率和营业收入增长率来评价一个企业的成长性。在净资产收益率方面，一家企业若被认为属于高成长性企业，那么至少应在5年或以上时间，其净资产收益率平均达到15%以上。也就是说，允许一家企业在某一年度或两个年度内的净资产收益率低于这个水平，但其平均数值应高于15%，只有这样才能说明一家企业具有较高的成长性。毕竟企业从银行获得贷款，年利率已接近5%，若不能利用自己的净资产获得 15% 以上的回报，经营企业的意义就不大了。

在营业收入增长率方面，需要考虑企业的规模和行业因素。规模较小的企业，营业收入增长率达到 30% 以上甚至 100% 都不困难，但对规模较大的企业来说，20% 就是一个较大的挑战。

第三，关于财务亏损问题。很多投资者见不得企业亏损，一旦某家企业出现亏损，就会避之唯恐不及。其实，持续跟踪一家公司就会发现，很多高科技成长型公司起步初期都可能出现过亏损。对于亏损的企业，投资者需要关注这样 3 个方面的内容：其一，该企业的市场地位与占有率如何。若具有较高的市场占有率，则这部分市场占有率迟早会转化为利润。其二，该企业的产品或服务优势如何。若相对竞争对手具有明显优势，则未来发展无忧。其三，该企业所处的发展阶段如何。若处于投入期，那么企业进入收获期时利润自然会上升。一些以技术研发为导向的企业，在重要产品的研发投入期，往往投入的资金较大，回收的利润较少，这是一种非常正常的现象。一家企业的研发投入占比很高，从另一层面看，该企业未来可能拥有更加广阔的发展空间。

第四，重视财务指标的质量而非数量。靓丽的财务指标固然值得追捧，但高质量的财务指标才是投资者要追求的。为了将财务报表做得更加漂亮，有的企业不惜变卖企业资产，以透支未来粉饰财务报表。市场上，一些前一年度亏损或有融资需求的企业，经常会出现净利润暴涨的情形，净利润增长 500% 甚至更多。不过，扣除非经常性损益后，利润增长情况可能就不那么乐观了。

第五，注意各项财务指标之间的平衡与协调。企业的财务指标应该是一个整体，企业利润增加时，其他财务指标也会同步表现，如营业收入增长、费用增加等。若个别财务指标出现反向运动，投资者需要详细探究其背后的原因。例如，某家企业营业收入增加 200%，销售费用不仅没有增长，反而出现下降，那么就要探究这些数字背后的原因。

总之，投资者要借助各项财务指标，找到那些财务方面表现较好的企业，至少要超过行业平均水平。在此基础上，建立一个候选股票池（如在炒股软件中设置一个自选板块等），以便进一步筛选。

2. 企业维度

找到拥有独一无二的竞争优势的企业，是投资者最主要的目标。在分析和判断企业竞争优势时，需要注意以下 4 点。

第一，必须是能够带来现实利益的竞争优势。A 股市场上，大部分企业都会宣称自己拥有独一无二的竞争优势，或宣称自己拥有某项其他企业不具备的技术、工艺或产品等。在这些独一无二的优势中，有些或许能为企业带来一定效益，但在企业整个营业收入构成中占比极小，且在未来不会有显著增长，那么这种所谓的优势毫无意义。例如，某家企业宣称自己是国内市场唯一掌握某项技术的企业，但这些技术目前并未给其带来收益，未来也很难为企业带来收益，那么这种优势是毫无价值的。

第二，企业的业务形式越简单越好。俗话说，“一招鲜，吃遍天”。在企业经营领域，这句话同样适用。越是看起来简单的业务形式，越不容易被其他竞争对手模仿和超越，越容易保持竞争优势。比如一些高速公路公司，企业的业务模式非常简单，就是收费和维护高速公路。这种看似简单的业务形式，因其垄断经营的特殊性，难以被模仿，这就使得这些高速公路企业拥有较为明显的竞争优势。当然，也有一些高速公司企业因其自身经营问题，迟迟不能盈利，这一点需要投资者仔细分析。

第三，更加倾向于成熟的业务模式。成熟稳定的且能获利的业务模式，对投资者而言是最安全的，毕竟这种业务模式的有效性已在市场竞争中得到证明。当然，并不是投资者不应考虑那些新兴的业务模式，但普通投资者毕竟不是风投机构，没有可以对冲风险的高获利品种，因而最好选择那些成熟的业务模式。

第四，优势还能持续多久。市场总是处于不断变化之中，今天的竞争优势很可能会成为企业明天发展的绊脚石。评估一家企业时，需要站在未来的角度分析其竞争优势的可持续性。比如一些以核心技术为依托的企业，如果不能在未来及时完成对技术的更新换代，很可能会被后来者追赶或超越。曾经风光无限的诺基亚、波导等手机品牌，现在已经很难觅其踪迹。

3. 管理团队维度

企业终究是靠人、靠管理团队来管理的。在评估一家企业的竞争优势时，投资者必须将管理团队的因素考虑在内。尽管不要求每家企业的管理团队都是业内顶尖的，但至少不应成为企业发展的“短板”。

分析目标企业管理团队时，需要注意以下 4 点。

第一，重实效，轻名誉。对上市公司的老总来说，接受媒体采访，宣传企业产品及理念是其重要职责。评估他们的管理水平，投资者不应过分看重其曝光度，而应根据其管理企业的经营成果。

第二，尽量选择那些经过市场检验的管理团队。市场上有很多已在竞争中证明自身管理能力的团队，例如万科的管理团队就是很典型的一支。在选择目标投资标的时，需要考虑这支管理团队的历史成绩，然后根据其各方面的表现预判未来的管理水平。

第三，借助行为反推其管理能力。对普通投资者来说，深度了解标的企业的管理团队有些困难，特别是资金量不大的投资者。不过，投资者仍然可以借助上市公司发布的公告，以及其他信息了解整个管理团队。例如，很多成长性企业的管理团队成员，总会不停地增持自家企业的股份，并且很少减持，说明整个管理团队对企业发展充满信心；反之，一些企业的管理团队只在股价暴跌后象征性地增持少量股份，其实这种增持更多地是做给投资者看的，并非对企业发展具有足够的信心。

第四，管理层对待投资或经营失误的态度。投资或经营失误，在企业经营过程中不可避免，但不同企业的管理团队对这些失误采取的态度截然不同。有的企业总是试图遮掩错误，有的拒绝承认失误，还有的总是寻找其他借口和理由。总之，一个企业的管理团队若不能正视自身失误，也就难以改正，未来再犯的概率很高。投资者应远离这类团队治下的企业。

对上市公司管理团队的分析，要以其经营能力为核心进行研判，避免被其他与经营企业无关的因素干扰。

4. 行业维度

高成长性的企业大部分来自于高成长性的行业。从这点来说，在具有潜力的行业中选择合适的股票就是一种聪明的做法。

分析投资标的所处的行业时，应注意以下 3 个问题。

第一，不是身处具有潜力行业的企业就一定有发展潜力。同样的行业，既有经营好坏的差异，也有领导企业与追随企业的区别。不能简单地认为，身处具有潜力行业的企业一定具有巨大的发展潜力。企业所处的行业，只能为其未来的发展提供一定的外围环境。企业获得利润，归根结底要靠企业自己的经营管理。

第二，警惕伪装者。很多上市公司擅长借势炒作，当自己的企业与某一热门题材相近时，便千方百计向其靠拢，努力将自己包装成该板块的龙头股票或热门股票。当然，市场资金的推波助澜也有一定作用。这时，投资者必须仔细分析这些企业的业务收入构成和研发投入，只有这些企业切实拿出真金白银去参与研发，并且取得实际利益，才能认定其属于具有发展潜力的行业。

第三，考虑行业因素，但不惟行业。事实上，很多优秀的企业并非来自具有发展潜力的行业，它们可能来自传统的金融服务业或餐饮旅游业，甚至传统的能源行业。由于这些企业的经营管理团队总能做出正确的决策，因而企业发展一直处于较高水平。

二、构建候选股票池

投资者不能仅凭感觉选股，要借助前面讲解的寻找目标股的方法全面甄选、过滤市场上的股票，并建立自己的候选股票池。构建股票池是一件非常辛苦的差事，却是投资者盈利的保障。

构建股票池的过程大致包括以下 5 个步骤。

第一步：寻找符合条件的目标股票。投资者可以按照之前讲述的四维探测股票的方法，先将市场上符合条件的股票加入候选购票池。

第二步：对候选股票池中的股票进行初步分析，需要确认的信息包括：当前股价属于低估还是高估；当前股价所处运行趋势为上升、下降还是横盘；股票所处行业领域或板块。

第三步：分析、预判当前市场节奏与热点。在分析投资热点时，投资者需要分析市场当前以及未来一段时间内的热点，而不是那些短暂的热点和品种。

第四步：确定重点选择领域及目标股票。选择投资领域后，投资者需要根据目标领域筛选 1~3 只目标候选股票。

第五步：根据个股表现及投资价值，评估、确定最终的目标股票，并择机执行买入操作。

投资者可根据实际情况的变化，每隔一段时间调整股票池内的候选股票。图 7-6 为某投资者建立的股票池。

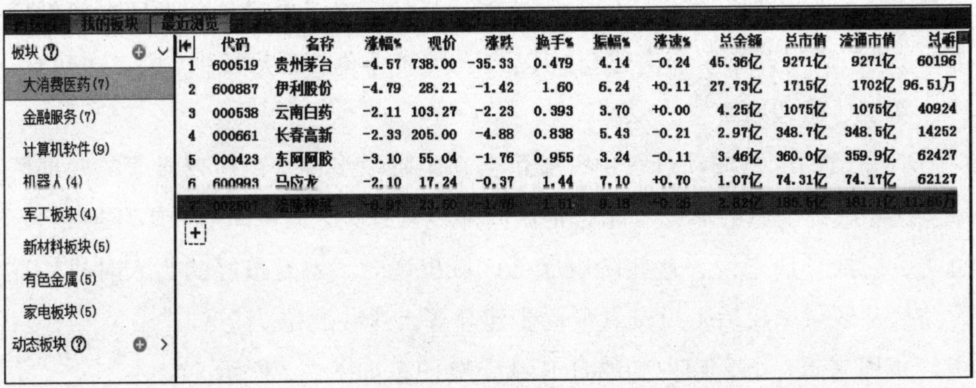

图 7–6　股票池示例

注：图 7–6 中所示的股票池并非真实投资所用的股票池，仅供参考。

三、买入策略与时机

如果投资者利用前面讲述的方法找到候选的目标股票（可以是 1 只，也可以是多只），接下来就需要确定买入股票的策略。

1. 阶段或历史底部买入

在阶段或历史底部买入成长股，是一种最安全、最稳妥的方式。当然，对大多数投资者来说，等待股价出现阶段或历史底部，是一个非常难熬的过程，另外，每个人对底部的认识也不相同。投资者在阶段或历史底部买入股票，肯定是要做长期持股的打算，毕竟等待底部出现并不容易，一旦出现底部，其获利预期肯定很高。

寻找阶段或历史底部的方法主要包括以下两个。

第一，绝对历史底部。

成长股的绝对历史底部是可遇不可求的，其股价大部分时间处于上升态势。除非遇到历史性暴跌行情或黑天鹅事件，否则，投资者很难抓到成长股的历史底部。

投资者可对照股票的日 K 线走势图，如果股价的新近低点已经跌破历史最低点，那么这个低点就有成为新历史低点的可能。当然，股市中没有绝对的最低点，股价创下新低后，有继续创新低的可能。在股价创下历史新低反弹时，投资者可开始第一次建仓。其后，若股价再创新低后反弹，可二次建仓。

第二，阶段底部。

在正常的涨跌波动过程中，股价会在某阶段出现一个比较显著的底部区域。这些底部区域的形成可能与企业内部经营有关，也可能与外围环境相关。总之，对成长股来说，这些阶段底部区域出现时，就是最好的买入时机。在这些底部区域形成后，投资者可逐步建仓买入这些股票。

下面来看一下云南白药的日 K 线走势图，如图 7-7 所示。

云南白药作为 A 股市场上的一只典型成长股，在前面章节反复提到过，该股的股价自上市后一直呈现震荡上升态势。也就是说，投资者要想在低位买入该股，那么找该股的历史底部根本没有可能，因而寻找该股的阶段底部是一种现实选择。

如图 7-7 所示，2015 年年底时段，随着大盘走势大幅下挫，云南白药的股价出现一波下跌行情。到了 2016 年 2 月 29 日，股价创下 52.10 元的低点，

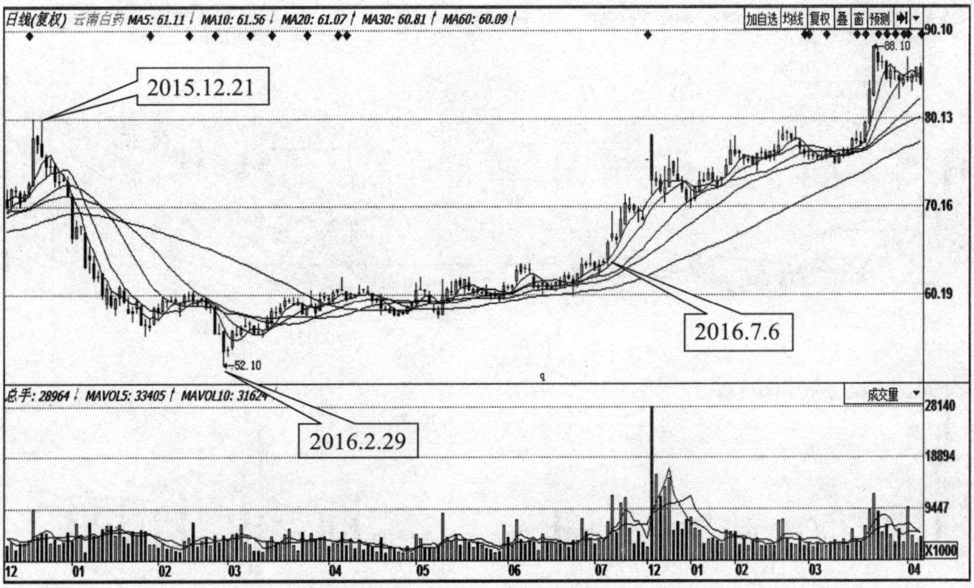

图 7–7　云南白药（000538）日 K 线走势图

此后该股小幅上升后横向震荡盘整。对于想要入手该股的投资者来说，这个横盘时段就是最佳买入时机，投资者可在股价触底小幅回升后第一次建仓该股。其后，该股经过一段时间的震荡盘整，重新启动快速上升。2016 年 7 月 6 日，该股股价启动上升，投资者可加仓买入该股。其后，该股出现一波快速上升走势。

股价筑底过程中，可能会形成比较经典的底部形态，如 V 形底、双底、头肩底、三重底等。投资者可密切关注股价在底部的运行态势，一旦股价走出底部形态（如向上突破底部形态的颈线位置），则可执行买入或加仓操作。

下面来看一下双鹭药业的案例，如图 7-8 所示。

双鹭药业也是 A 股市场上一只经典的绩优股兼成长股，该股的净资产收益率一直维持在较高水平。不过，由于最近两年双鹭药业的营业收入出现小幅下滑，股价也随之出现回调。2017 年年底至 2018 年年初，该股出现震荡筑底走势。

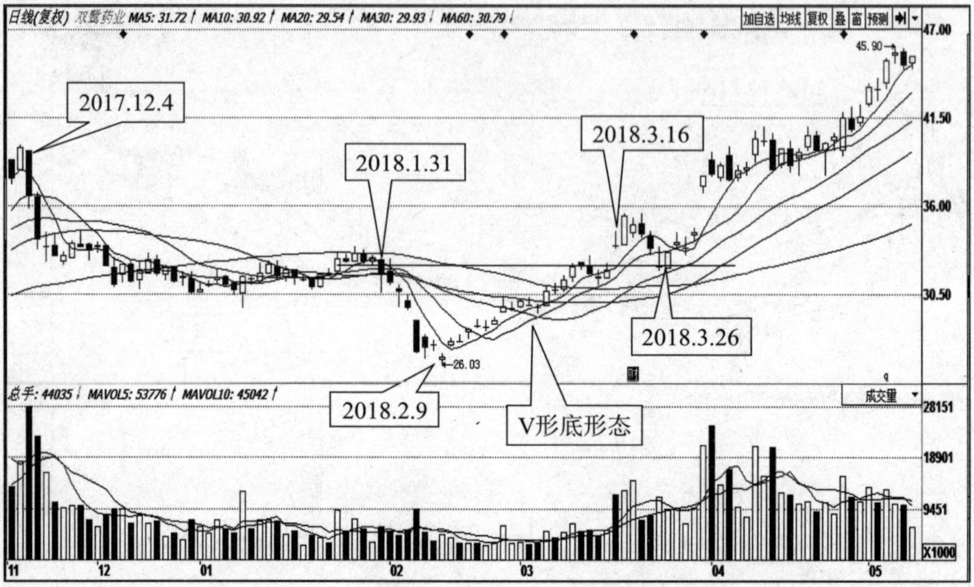

图 7-8 双鹭药业（002038）日 K 线走势图

2018 年 1 月 31 日，该股股价突然出现大幅回落，随后股价连续走低。2 月 9 日，股价到达阶段低点后反向上攻，此时投资者可考虑少量建仓该股。

3 月 16 日，该股跳空上升，并突破 1 月 31 日的下跌起始线，说明 V 形底形态正式成立，投资者可考虑加仓该股。

其后，该股上升几个交易日后出现回调。当股价回调至先前的下跌起始线位置时，因受该线的支撑重新上攻，这也是一个加仓的良机。

此后，该股一路上攻。

2. 回调低点买入

成长股似乎永远都在上涨的路上，因此，股价出现回调时是投资者买入成长股的最佳时机。由于股票本身质地优良，所以投资者不必担忧中途被套牢。即便如此，还是要选择一个好的入场点，尽量避免入场即亏损的局面。

寻找回调低点的方法主要包括以下两个。

第一，股价遇中长期均线支撑。

在震荡上升过程中，成长股会随大盘的走低出现回调。当出现规模较大的调整时，就是投资者最佳的入场时机。当然，并不是股价一下跌，投资者就应立即入场，而是要等到股价回调至某条均线（通常为中长期均线，如 30 日均线、60 日均线等）位置后，因受均线支撑重新上升时买入。

下面来看一下长春高新的案例，如图 7-9 所示。

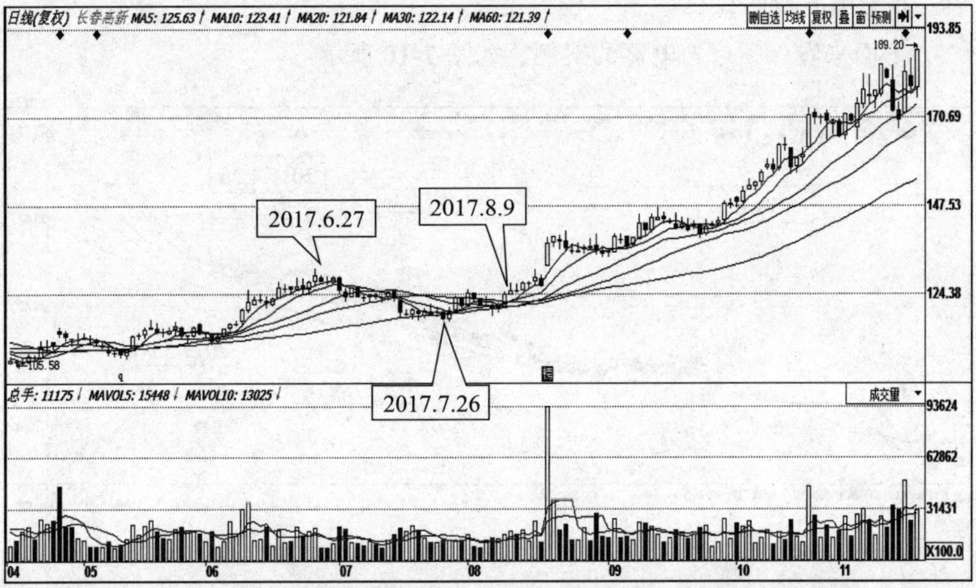

图 7-9　长春高新（000661）日 K 线走势图

2017 年下半年，长春高新的股价在上升过程中出现一波调整走势。此时，投资者可执行买入操作。

2017 年 6 月 27 日，长春高新的股价上升到短期高点后出现回调。此后，该股股价连续跌破多条均线，并在 120 日均线附近获得支撑。投资者应该清楚，这类高成长性股票的股价不会一直回落，此时的回调就是最佳的入场时机。在股价受到支撑出现反弹后，投资者可第一次建仓该股。

其后，该股股价出现一段时间的横向震荡，并在 120 日均线上方形成双底形态，投资者可在股价放量上升的 8 月 9 日加仓买入该股。

此后，该股重新开启上升走势。

第二，回调至前期高点位置。

与其他类型的股票相同，在创下一个阶段高点后，成长股的股价会有相应的套牢盘。股价回调整理重新突破该高点后，这些套牢盘将被全部消化，该前期高点位将由阻力位变为支撑位。当股价再度出现回调时，这些前期高点位置将会成为股价的一个重要支撑。股价在此位置受到支撑重新上攻时，就是投资者入场的良机。

下面来看一下格力电器的案例，如图 7-10 所示。

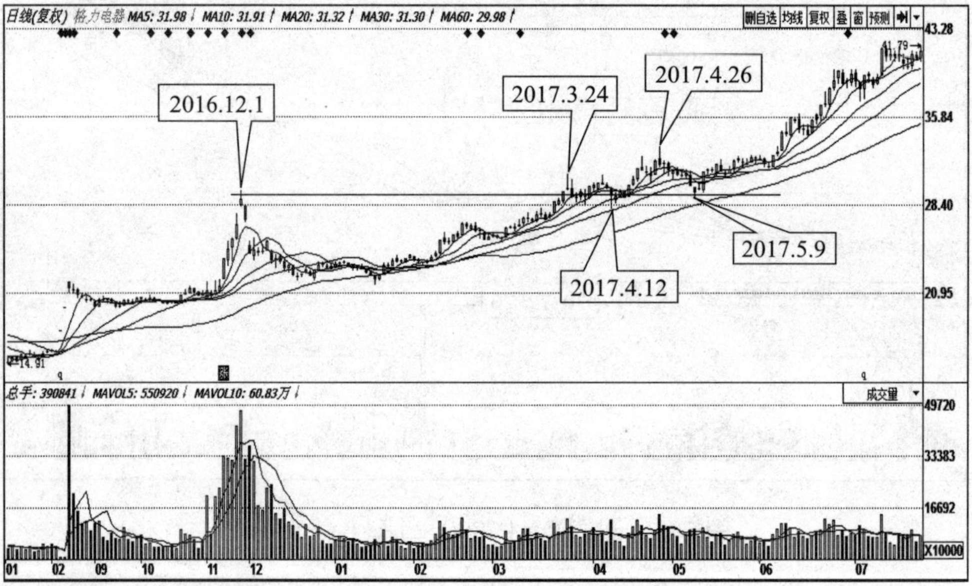

图 7-10　格力电器（000651）日 K 线走势图

2016 年下半年，格力电器的股价出现一波快速拉升走势。2016 年 12 月 1 日，在创下阶段高点后，该股股价开始回调整理。此后，该股重新恢复震荡上升走势。

2017 年 3 月 24 日，股价突破前期高点后出现回调整理。当回调至前期高点位置时，股价因受到支撑重新上攻，此时投资者可进行建仓。此后经过几个交易日的上涨，该股于 4 月 26 日再度出现创出新高后的回调整理。5 月 9 日，股价触及前期高点位置后重新上攻，此时投资者可进行加仓。

此后，该股重新开启上升走势。

3. 突破或直接买入

每个投资者都想在低点时买入成长股，但成长股似乎很难出现实质性的低点或阶段大底。正因如此，很多投资者更倾向于在股价上攻过程中直接买入。当然，直接买入要承担相当大的风险，投资者在买入时需要注意以下两点。

第一，详尽分析股票的投资价值。尽管股票处于上升行情中，但若是股价仍低于股票的内在价值，购买这样的股票更接近于价值投资，因而投资者可以放心买入。当然，评估股票的内在价值，不仅要计算股票的净资产、每股收益，还要综合考虑股票的成长性、竞争优势、商誉等。

第二，技术分析层面的买入信号。为了获得最好的入场位置，投资者最好能从技术层面分析合理的入场时机。比如，股价突破某一重要阻力位（包括前期高点、整数关口、密集成交区等）。当股价突破这些区域后，继续上升的概率就会增大；反之，则可能出现震荡调整走势。

下面来看一下用友网络的案例，如图 7-11 所示。

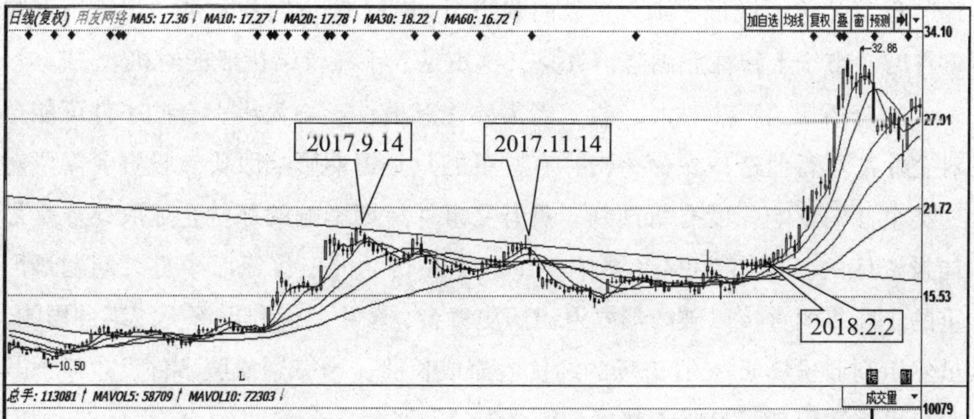

图 7-11　用友网络（600588）日 K 线走势图

作为一家专业从事软件生产与销售的公司，用友网络的公司管理软件、ERP软件以及财务软件，在市场上拥有很高的市场占有率。由于企业之间的竞争日趋激烈，近年来，用友网络的上升势头有所减弱。公司经营业绩的变化，在股价走势上也有反映。2017年9月中旬，该股股价创下阶段高点后出现震荡下跌走势。11月14日，股价试图向上突破前期高点，但因前期高点的阻力作用出现下跌走势，此时投资者不宜入场。

其后，该股又经历一波下跌走势。2018年年初，该股股价重新开始启动上升走势，并于2月2日放量向上突破前期高点的阻力位，投资者可考虑加仓买入该股。

4. 黑天鹅事件买入

黑天鹅事件是指非常难以预测的且会对市场造成较大负面冲击的事件。通常情况下，出现这类事件会对股价走势造成非常大的冲击。不过，从另一方面来说，对想要入场的投资者而言，出现这类事件无疑是一个绝佳的入场时机。

巴菲特曾经说过，别人贪婪时我恐惧，别人恐惧时我贪婪。出现黑天鹅事件时，市场上往往充满恐惧气氛，这正是入手廉价绩优股的时机。

在分析黑天鹅事件时，投资者需要注意事件影响大小。有些事件可能会对企业甚至行业造成致命一击，有些可能只是短期影响股价。投资者需要对这类事件的影响程度有所预判，只有受事件短期影响的那些企业股票才是最佳投资标的。比如2008年影响整个乳制品行业的三聚氰胺事件，问题最严重的三鹿集团直接以破产形式退出历史舞台，蒙牛、伊利也深受该事件影响。虽然伊利股份属于A股市场的绩优股兼成长股，当三聚氰胺事件发生后，其股价也连续出现了暴跌走势，如图7-12所示。

2008年下半年，伊利股份的股价随大盘出现震荡下跌走势。2008年9月中旬，三聚氰胺事件爆发。由于伊利股份的产品被检测出含有三聚氰胺，因而股价被连续大幅向下打压。到了10月28日，该股股价相比9月中旬下跌了一半多，可见这个事件给股价带来的影响之大。

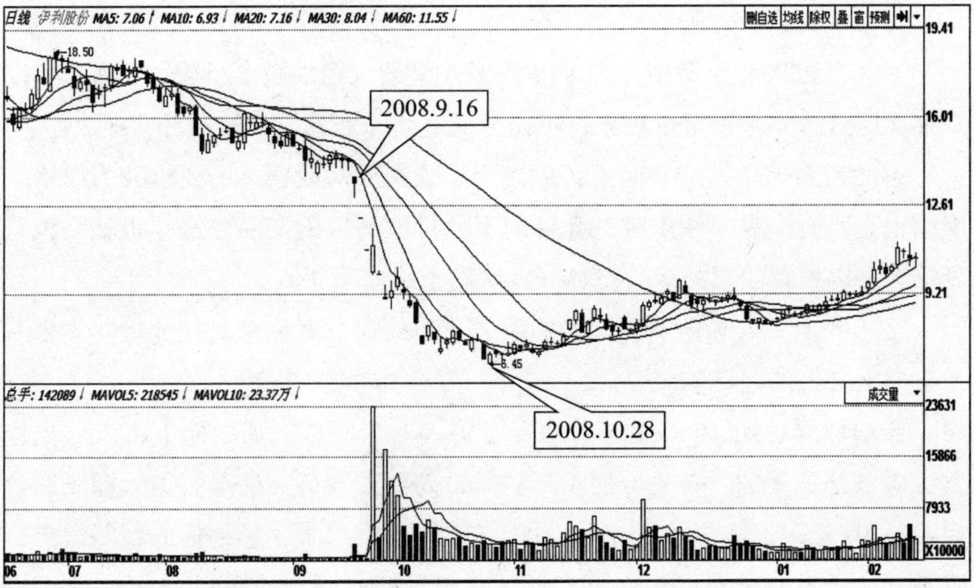

图 7-12 伊利股份（600887）日 K 线走势图

不过，对于想要入场建仓该股的投资者来说，三聚氰胺事件是一个再好不过的机会，投资者可考虑在 10 月 28 日股价企稳后逐渐建仓该股。

其后，该股很快从三聚氰胺事件的阴影中走了出来，并重新开启一波快速上升行情。

四、交易频次控制：买入批次、加仓与减仓

凡事预则立，不预则废，股票交易也是如此。买入股票前，投资者需要对股票的买入方式、加仓、减仓等行为进行详细谋划。

1. 分批次买入

全仓进出是股票交易的最大禁忌。然而，买卖股票时，很多投资者确实会犯这个错误。买入股票时，他们往往信心百倍，全仓而入。一旦股价没有按照预想的轨迹前进，又会全仓卖出。大家首先要明确，通常来说，投资成长股是一个漫长的过程，少则几个月，多则几年。正因如此，投资成长股首先要学会分批次买入和卖出。

分批次买入时，需要注意以下两点。

第一，批次量要适中。如果准备买入单只股票的资金量较少，那么2~3个批次即可。如果资金量较多，可以分成3~5个批次。

第二，向上买入或者向下买入。交易成长股对股票标的要求较为严格，因而也是所有交易方法中唯一允许向下分批次买入的交易方法。也就是说，投资者可以根据股票的运行态势分批次向上或向下买入。

至于向上买入和向下买入孰优孰劣，下面通过案例来对比分析。先来看一下向上买入的案例。

假如你准备用10万元左右的资金买入一只股票，那么向上买入的操作方法应该是这样的：首先，用1/5左右的资金买入第一批。假如目标股股价现在是10元，你需要用2万元买入2000股。第二步，如果你的判断没错，股价开始上涨，就可以买入第二批。假如目标股股价上涨到11元，你可以再次买入2000股或3000股。第三步，如果股价继续上涨，你可以买入第三批。第四步，股价再次上涨，超过第三批买入价后，可以将剩余的资金全部买入该股。如表7-1所示。

表7-1　向上批次买入盈亏统计表

单位：元；股

批次	买入价	买入数量	买入金额	总持股量	总成本	成本价	持股总金额	盈利额
第一批	10	2000	20000	2000	20000	10	20000	0
第二批	11	2000	22000	4000	42000	10.5	44000	2000
第三批	12	2000	24000	6000	66000	11	72000	6000
第四批	13	2000	26000	8000	92000	11.5	104000	12000

注：表中成本价未计入交易佣金与各项税费。

表7-1是投资者买入股票后上扬加仓的情况。但有时候，投资者可能会遇到大盘持续走低的情形。

再来看一下向下买入的案例。

假如股价10元时买入第一批；股价下跌到9元时，再买入第二批。下面来看一张简单的速算表，如表 7-2 所示。

表 7-2　向下批次买入盈亏统计表

单位：元；股

批次	买入价	买入数量	买入金额	总持股量	总成本	成本价	持股总金额	盈利额
第一批	10	2000	20000	2000	20000	10	20000	0
第二批	9	2000	18000	4000	38000	9.5	36000	-2000
第三批	8	2000	16000	6000	54000	9	48000	-6000
第四批	7	2000	14000	8000	68000	8.5	56000	-12000

注：表中成本价未计入交易佣金与各项税费。

通过表 7-1 和表 7-2 的对比，很容易可以发现，向下买入的方法，虽然表面上看成本价越来越低，但自己亏损的额度并没有减少，反而扩大了。不过，若股价能启动反弹，则亏损额度很快就能弥补。

通常情况下，投资者不宜向下加仓买入，毕竟日常的交易是以右侧交易为主，股价下跌说明判断失误，再加仓等于错上加错。不过，若投资者交易的是成长股，那就另当别论了。成长股交易更偏重左侧交易，即只要股价具备投资价值就可以买入。假如相信未来数月或数年内股价能上升至较高水平，那么就不必计较眼前是否亏损。买入股票后，如股价继续走低，则说明市场给了加仓机会，投资者应继续加仓。

2. 善用减法，获利倍增

与加仓的情况相似，减仓也分为向上减仓和向下减仓两种。

（1）向上减仓，向上减仓包括以下两种情况。

第一，主动减仓。股价上涨到一定幅度后，开始出现调整或筑顶迹象时，可以考虑进行减仓操作。

第二，被动减仓。股价上涨到预先设定的止盈位时，若投资者认为股价还有上涨空间，可酌量进行减仓操作。

从目前的操盘实战来看，止盈位的设置要比止损位宽泛一些。不过，既然股价到达预先设定的止盈位，还是应该部分减仓，一则有助于锁定利润，二则可以养成遵守操盘纪律的习惯。

在成长股交易过程中，股价上升较大幅度后，为了尽可能多地将盈利落袋为安，投资者可以考虑适当减仓，但最好在股价回调至阶段低点时再及时补仓。毕竟股市中优质股票极为稀少，投资者一定要珍惜低位介入的机会。

（2）向下减仓。向下减仓也包括两种情况。

第一，主动减仓。买入股票后，股价并未按照预定方向上涨，但也未到达止损位，不过投资者对其走势非常担忧，这时可适当减仓。在交易成长股过程中，除非个股质地发生变化（如财务作假或由于选股错误），否则不宜减仓。

第二，被动减仓。通常情况下，股价下跌到预先设定的止损位时，投资者不愿止损卖出股票，此时应尽可能地强迫执行止损计划。如不能做到彻底清仓，至少要减仓一半。不过，在交易成长股时，若个股发生黑天鹅事件，或大盘明确开启下跌行情，投资者应先部分减仓，待股价企稳后再补仓。

第三节　成长股卖出策略

股市中有一句俗语：会买的是徒弟，会卖的才是师傅。成长股的卖出策略包括两方面内容，即止损与止盈设置、顶部区域识别与卖出策略。

一、止损与止盈设置

基于中长线交易的特点，投资者可能会对股价波动有一定的心理准备。但谁都清楚，若股价出现暴跌行情，就有必要进行止损。股价暴涨之后，必然出现回调，那么也要考虑止盈。总之，像短线交易一样，交易成长股也要设置比较具体的止损位和止盈位，或建立动态仓位调整系统。

1. 明确止盈目标

原则上不应对上行趋势中的股票设置严格的止盈位，毕竟股价没有最高，只有更高。但是交易成长股的基础是股票本身的内在价值，一旦股价严重脱离股票的内在价值，投资者就应考虑执行卖出操作。

例如，预测某只股票未来 3 年的每股盈利分别为 1 元、2 元、3 元，考虑股票所处的行业特征，允许股票市盈率达到 30 倍，那么就意味着预测股价的目标价位应在 90 元以内。此时，若股票随大盘上攻出现暴涨，且已突破 100 元的位置，这时投资者就应考虑卖出止盈。

当然，预测股票未来盈利数值不是普通投资者擅长的，投资者可以考虑参考其他投资机构发布的投研报告。目前很多炒股软件都提供投资研报分析数据，如图 7-13 所示。

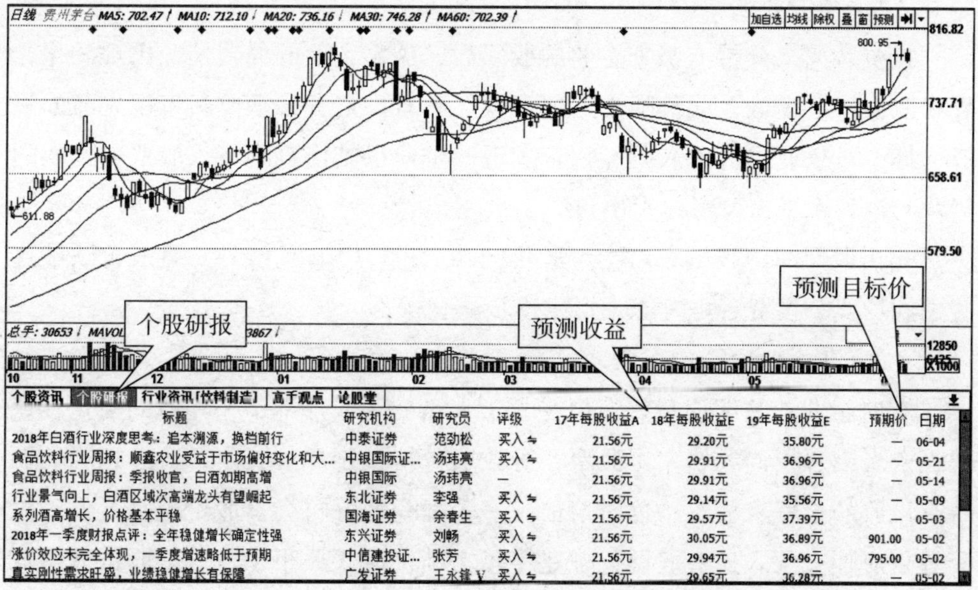

图 7-13 贵州茅台（600519）【个股研报】（同花顺）

如图 7-13 所示，通过点击炒股软件个股走势图页面下方的【个股研报】选项卡，投资者即可查看个股的投资研报。在贵州茅台的走势图下方，多家投资机构都给出该股未来 3 年的收益预测，有的机构还给出具体的预测目标价位，这些数据都可作为投资者判断股票目标盈利位的参考。

当然，卖出止盈还应注意以下两点。

第一，止盈位的选择。不能卖出正在快速上涨的股票。当股价远远超过目标价位，在上涨过程中出现回调，且跌破 10 日均线或 20 日均线时，投资者可考虑执行卖出操作。

第二，止盈方式的选择。选择止盈卖出时，投资者可考虑分批次卖出，如股价跌破 10 日均线时执行第一次卖出，跌破 20 日均线时执行第二次卖出，跌破 30 日均线时直接清仓。

2. 止损与减仓、加仓

成长股也会出现大幅下跌，如果出现这种情况，投资者应考虑加仓或减仓止损。

（1）个股业绩原因下跌。

投资者买入并持有某家企业的股票后，这家企业的经营情况出现恶化，盈利能力持续走低，股价随之大幅下跌。此时投资者必须重新审视先前的投资选择，对企业进行深入研究。若发现该企业很难恢复到买入股票前预期的经营与盈利水平，可考虑卖出止损。

卖出股票时，投资者可参考股价的 20 日或 30 日均线。一旦股价跌破这些中期均线，投资者可考虑止损或逐步减仓操作。

（2）非个股原因的下跌。

有时企业业绩明明很好，但受累于大盘暴跌或外部市场环境的变化，使得投资者因恐惧而纷纷卖出股票，导致股价持续走低。其实，对于想要长期持有该股的投资者而言，这时恰恰是一个加仓的好机会。股价越是走低，投资者越应加仓买入这些股票，毕竟市场上绩优成长股很少，这种股价低的成长股更少。

下面以云南白药 2015 年年底至 2016 年年中的走势为例进行说明。2015 年年底，经过之前几个月的反弹后，大盘指数再度出现暴跌走势，短期内跌幅达到 30% 左右，如图 7-14 所示。

自 2015 年年底开始，上证指数启动一波暴跌走势。2015 年 12 月 23 日，指数创出 3684.57 点的阶段高点后，出现连续暴跌走势。到 2016 年 1 月 27 日，指数已下跌到 2638.30 点。

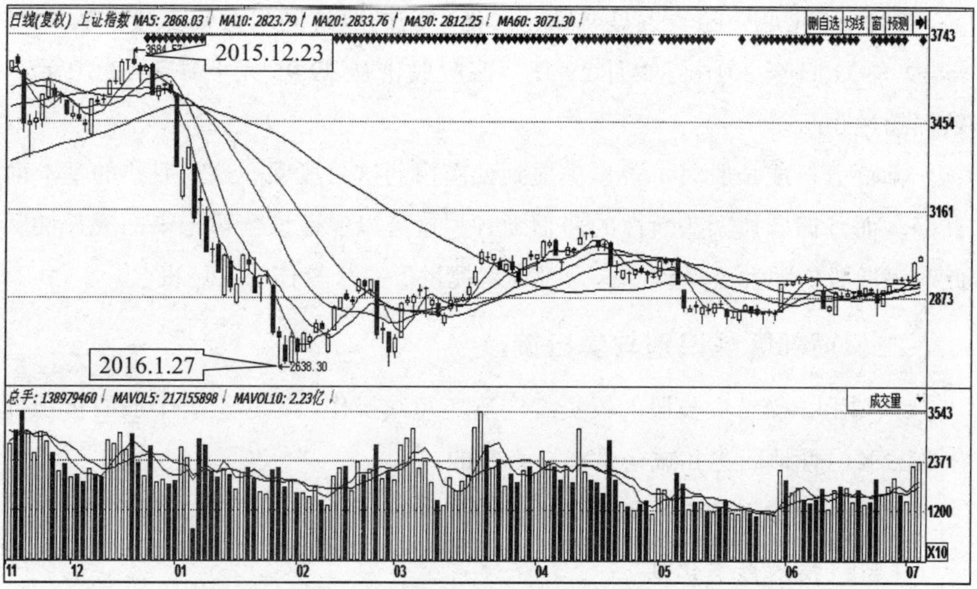

图 7–14　上证指数（000001）日 K 线走势图

受大盘指数走低的影响，云南白药的股价同步出现暴跌走势，如图 7-15 所示。

图 7–15　云南白药（000538）日 K 线走势图

2015 年年底，随着大盘暴跌，云南白药的股价同步大幅下行。从 2015 年 12 月 21 日至 2016 年 2 月 29 日，该股股价从 79.95 元下跌至 52.10 元，跌幅超过 30%。

前面分析成长股时，曾多次提到云南白药这只股票。这只股票的基本面良好，而且拥有独家垄断性的药物配方，这可以保证该公司未来的成长性。此时该股股价随大盘暴跌，这为投资者提供了一个较佳的入场机会。

二、顶部区域识别与卖出策略

原则上，交易成长股的投资者应避免短线操作。不过，若个股股价顶部来临，暂时性地回避和减仓是很有必要的。

顶部区域的识别方法包括如下 3 种。

1.K 线技术形态识别

通常情况下，大家习惯将 K 线技术形态分析方法应用于短线交易。很多时候，成长股交易者借助这种方法来判断股价顶部也是不错的选择。股价形成顶部后，往往都会出现一些回调或下跌走势。若能回避这些回调或下跌，将会大大提升股票交易的收益水平。

最经典、最常见的 K 线顶部形态包括头肩顶、三重顶、双重顶、V 形顶等。下面来看一下格力电器的日 K 线走势图，如图 7-16 所示。

格力电器这只股票也是前面重点讲解的高成长性品种。站在更长的时间角度来看，该股股价的运行趋势总是呈现震荡上行走势。但是，它也会出现阶段性高点与顶部，特别是大盘出现暴跌走势时。

2015 年 4 月底，随着大盘暴涨，格力电器的股价出现加速筑顶迹象。5 月至 6 月初，股价一直在高位震荡，并形成头肩顶形态。出现该形态，往往意味着股价将会走出一波幅度较大的下跌行情。7 月 3 日，股价向下跌破头肩顶形态的颈线位，这属于典型的卖出信号，投资者可考虑卖出部分股票。

其后经过几个交易日的下跌，该股出现回调走势。当股价回调至颈线位时，受颈线位的阻力重新下跌。此时，投资者可再度执行卖出操作。

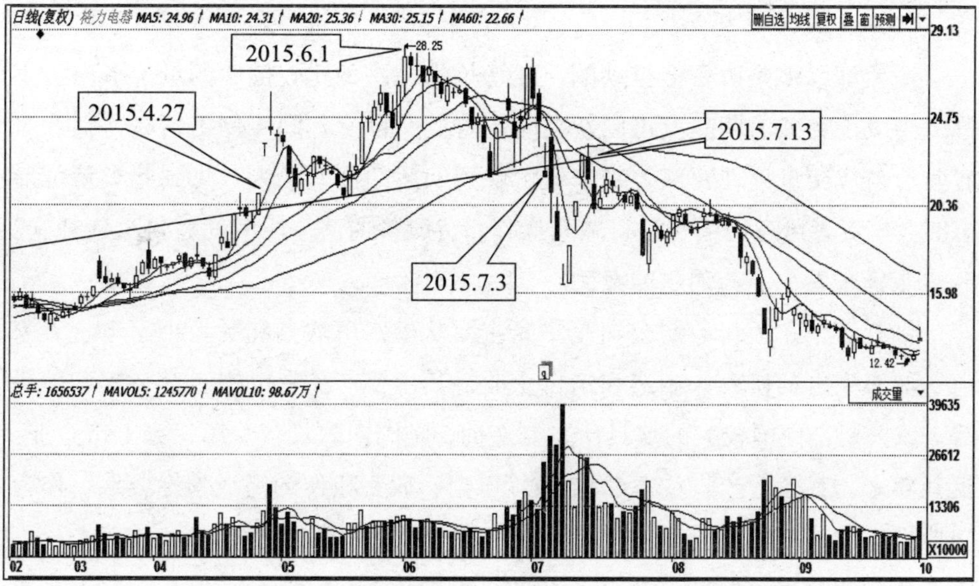

图 7-16　格力电器（000651）日 K 线走势图

接着该股启动一波幅度非常大的下跌行情，在此期间，股价跌幅超过 55%。

与其他股票不同，格力电器这只高成长性股票具备较佳的成长空间，因而在股价下跌至低位时，投资者可重新补仓买回股票。

利用 K 线顶部形态卖出股票时，需要注意以下两点。

第一，在双重顶或头肩顶等顶部形态形成后，一旦股价跌破顶部的颈线位，则意味着股价将结束上升行情，投资者宜执行第一次卖出操作。其后，若股价反弹遇颈线阻力重新下跌，则应考虑清仓。当然，有些股票的股价并没有这一反弹环节，但这并不影响顶部形态成立。

第二，通常情况下，出现顶部形态后，股价都会下跌一段时间。作为成长股交易者，这时选择补仓时机就显得尤为重要。股价下跌一段时间后，若投资者仍然无法判断底部是否来临，可考虑先少量试探性补仓，待股价突破明显阻力位后再执行加仓操作。

2. 成交量形态识别

股价涨跌多是由资金推动的，量增价涨是一种比较健康的量价形态。不过，当股价突破前期高点再创新高时，若成交量没有同步创出新高，则意味着股价与成交量出现背离，未来股价触顶回落的概率很大。见到此类量价形态时，投资者可考虑适当进行减仓操作，待股价回落一段时间后再重新补仓。

下面来看一下苏泊尔的案例。

浙江苏泊尔股份有限公司是一家主要从事厨房炊具和厨卫小家电、大家电、健康家电的研发、制造和销售企业，其主要产品有电锅、套装锅和炒锅等。该公司是中国较大的炊具研发制造商，是国内炊具行业第一家上市企业。近几年来，其净资产收益率都在 20% 以上，属于典型的高成长性股票。作为想要操作成长股的投资者来说，苏泊尔是一只比较理想的标的。

下面再来看该股的日 K 线走势图，如图 7-17 所示。

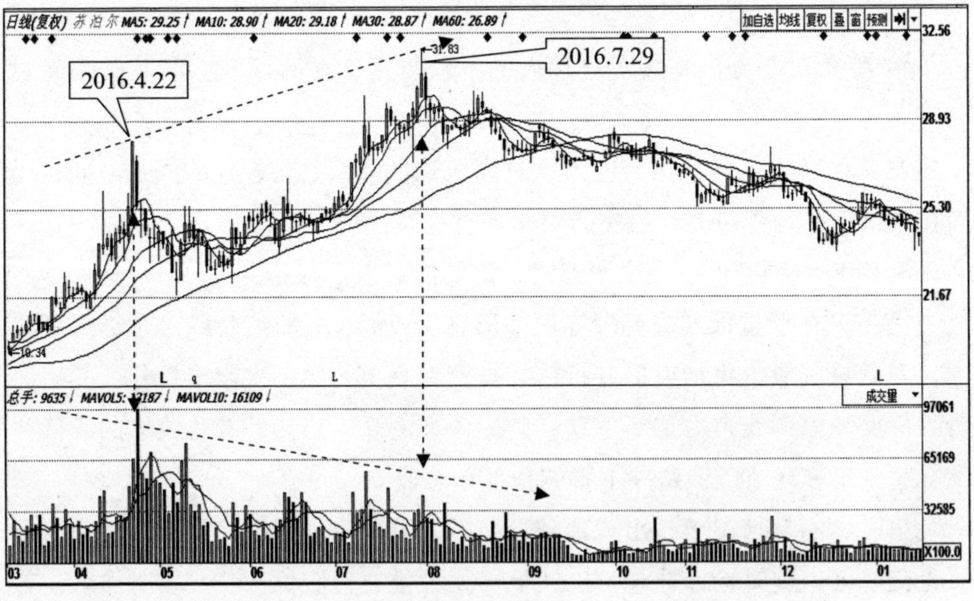

图 7-17　苏泊尔（002032）日 K 线走势图

2016 年年中时段，苏泊尔的股价出现一波快速上升走势。4 月 22 日，股价创下第一个阶段高点后回调。

其后经过几个交易日的调整，该股重新发动上攻走势，并于7月29日创下一个新的高点，且该价位远远高于4月22日的高点。观察两个高点的成交量可知，7月29日高点附近的成交量低于4月22日高点附近的成交量，说明股价与成交量出现顶背离形态，未来股价走低的概率很大。

在股价跌破10日均线时，投资者可卖出部分股票，待股价跌破30日均线时执行第二次减仓。其后，当股价重新回到10日均线上方时，再补仓买入。

利用量价背离形态卖出股票时，需要注意以下3点。

第一，股价每次形成高点时，成交量并不一定会在当日出现此波段的最高值，成交量最高值和股价高点可能在同一天，也可能会相隔1~2天，这并不影响量价背离形态的判断。例如图7-17中，苏泊尔的股价在4月22日出现最高价，而成交量则在4月25日（4月23日、24日周末休市）才出现最高值。

第二，量价出现背离形态后，股价并不必然会下跌，投资者可以在股价跌破某些重要支撑位后再执行卖出操作。有时候主力掌握大量筹码后，向上拉升股价时，成交量也可能出现萎缩的状况，当然这种价涨量缩的走势肯定是无法持续的。

第三，通常情况下，出现量价背离形态后，股价下跌时都会有一波股票抛售狂潮，这时往往是投资者买入低价成长股的良机。

3. 业绩增长乏力，股价上升至高位

即使是绩优成长股，也可能出现业绩增长乏力的情况。当然，这种增长乏力可能是暂时的，也可能是长期的。前面曾经讲过，大家习惯将净资产收益率15%看成一个比较标准的数值。也就是说，只有那些近年来净资产收益率平均值超过15%，才能看成比较理想的成长股标的。反之，若先前的成长股连续3年净资产收益率低于10%，则要重新考虑其是否还具备较佳的成长性。

下面来看一下全聚德的案例。

全聚德（集团）股份有限公司主营业务为餐饮服务及食品加工销售业务，主要提供以“全聚德”品牌高档烤鸭系列菜品为主的餐饮服务。该公司上市后，其业绩和股价均有不错的表现，但自2015年以来，净资产收益率跌破10%

科目\年度	2017	2016	2015	2014	2013	2012 »
基本每股收益(元)	0.4409	0.4525	0.4251	0.4243	0.3888	1.0741
净利润(元)	1.36亿	1.40亿	1.31亿	1.26亿	1.10亿	1.52亿
净利润同比增长率	-2.57%	6.44%	4.48%	14.04%	-27.62%	17.71%
扣非净利润(元)	1.19亿	1.27亿	1.19亿	1.17亿	1.21亿	1.48亿
扣非净利润同比增长率	-5.68%	6.33%	1.43%	-3.15%	-17.88%	16.83%
营业总收入(元)	18.61亿	18.47亿	18.53亿	18.46亿	19.02亿	19.44亿
营业总收入同比增长率	0.72%	-0.33%	0.39%		-2.13%	7.84%
每股净资产(元)	4.89	4.69	4.46	4.24	3.22	6.17
净资产收益率	9.27%	9.97%	9.85%	11.38%	12.41%	18.42%
净资产收益率-摊薄	9.01%	9.64%	9.53%	9.60%	12.06%	17.41%
资产负债比率	22.53%	22.25%	21.10%	19.48%	28.15%	29.05%

近三年数值

图 7-18　全聚德（002186）历年主要财务数据（2012—2017）

的限额，如图 7-18 所示。

自 2015 年开始，全聚德的净资产收益率指标连续 3 年低于 10%。此时，投资者需要重新研判该股还能否保持强劲的增长势头。若该股短期内无法恢复以前的获利能力，投资者宜执行卖出操作。

下面再来看一下该股的日 K 线走势图，如图 7-19 所示。

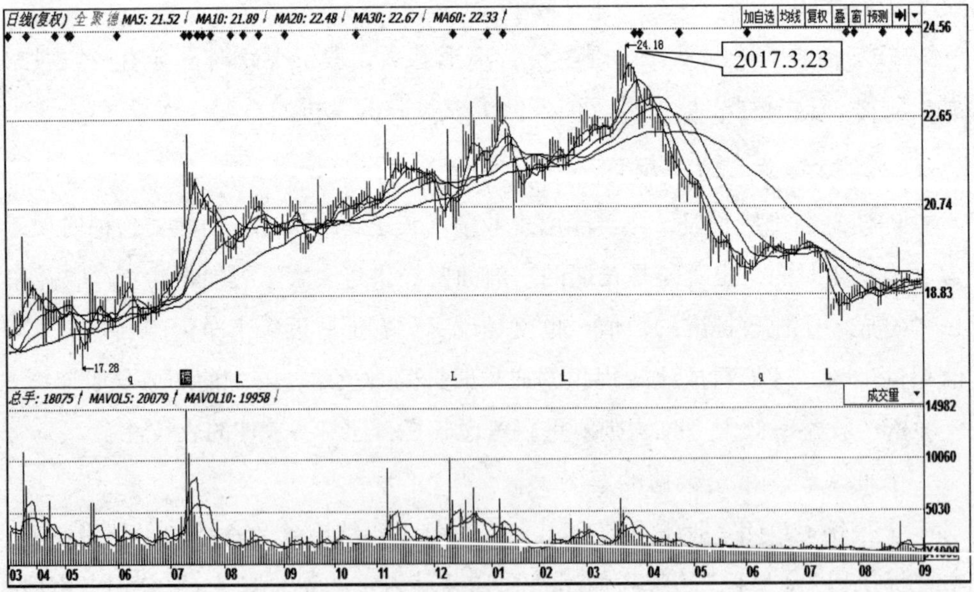

图 7-19　全聚德（002186）日 K 线走势图

自 2015 年年中起，全聚德的股价随大盘暴跌后，经过一波震荡整理重新开始上升走势。不过，查看图 7-18 的财务数据可知，从 2015 年开始（2016 年 3 月公布 2015 年年报），该股的获利能力有所减弱，因而股价走势也要弱于其他成长股。到了 2017 年 3 月（2016 年年报公布时间），该股的获利能力进一步弱化，很多投资者对该股未来走势开始失望，于是股价开始大幅下跌。

从 2017 年 3 月 23 日开始，该股股价连续跌破多条均线，投资者宜尽早清仓该股。

第四节　不可忽视的细节

在交易成长股的过程中，有一些细节问题绝对不能忽视，其中有些细节可能直接影响未来的股价走势。

一、机构扎堆

通过炒股软件 F10 功能，投资者可以很清楚地查看每只股票某一季度内的主力进出情况。主力连续增持的股票，后市上涨的概率比较大；主力连续减持的股票，后市下跌的概率则较大。当然，除了观察各大基金入驻情况外，还要特别留心市场上的大户动向，尤其是一些“牛散”（即市场上比较知名、投资收益率较高的散户）的入驻情况。

分析机构持股情况时，需要重点关注以下 3 点。

第一，持股机构的数量。通常情况下，持股机构数量多，说明市场上大部分投资机构都认可其投资价值，未来股价继续走高的概率很大。下面来看一下 A 股第一高价股贵州茅台的机构持仓情况，如图 7-20 所示。

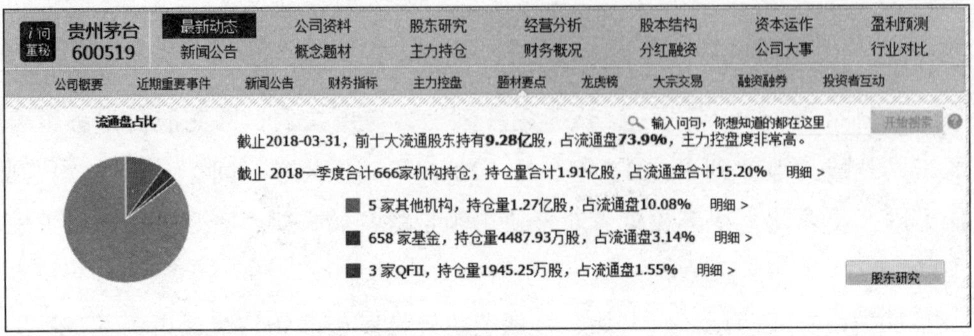

图 7-20 贵州茅台（600519）机构持仓情况

从图 7-20 可以看出，2018 年第一季度持有贵州茅台的机构达到 666 家，前十大流通股股东持有的流通盘占比达到 73.9%。这说明贵州茅台的股票绝大部分掌握在各大机构手中，该股的高成长性获得市场的广泛认可。

第二，知名机构的持仓情况。越是市场上知名的投资机构持仓，越能反映股票被市场的认可程度，特别是政府机构的资金。例如，一些社保基金的持仓情况，很值得普通投资者研究，毕竟社保基金的钱是很多退休员工的“买米钱”。

再来看一下格力电器的机构持仓情况，如图 7-21 所示。

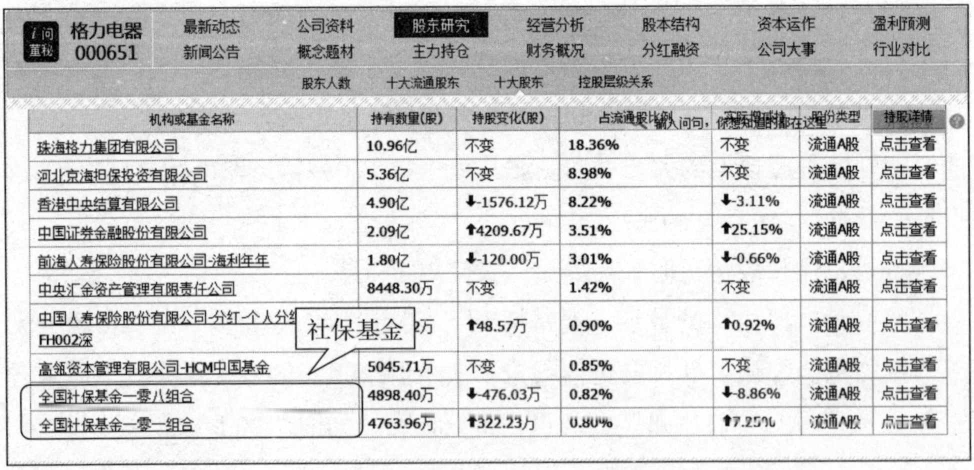

机构或基金名称	持有数量(股)	持股变化(股)	占流通股比例	实际增减持	股份类型	持股详情
珠海格力集团有限公司	10.96亿	不变	18.36%	不变	流通A股	点击查看
河北京海担保投资有限公司	5.36亿	不变	8.98%	不变	流通A股	点击查看
香港中央结算有限公司	4.90亿	↓-1576.12万	8.22%	↓-3.11%	流通A股	点击查看
中国证券金融股份有限公司	2.09亿	↑4209.67万	3.51%	↑25.15%	流通A股	点击查看
前海人寿保险股份有限公司-海利年年	1.80亿	↓-120.00万	3.01%	↓-0.66%	流通A股	点击查看
中央汇金资产管理有限责任公司	8448.30万	不变	1.42%	不变	流通A股	点击查看
中国人寿保险股份有限公司-分红-个人分红 FH002深	2万	↑48.57万	0.90%	↑0.92%	流通A股	点击查看
高瓴资本管理有限公司-HCM中国基金	5045.71万	不变	0.85%	不变	流通A股	点击查看
全国社保基金一零八组合	4898.40万	↓-476.03万	0.82%	↓-8.86%	流通A股	点击查看
全国社保基金一零一组合	4763.96万	↑322.23万	0.80%	↑7.25%	流通A股	点击查看

图 7-21 格力电器（000651）机构持仓情况

从图 7-21 可以看出，格力电器前十大股东中有两家属于社保基金旗下的投资组合，说明社保基金非常看好该股的投资价值。当然，格力电器的财务状况、盈利能力以及未来发展空间，相比其他企业均有明显优势，这也是社保基金投资该股的原因。

第三，机构持股变动情况。除非出现大盘暴跌或发生黑天鹅事件，否则机构扎堆持股的股票走势往往比较稳定。基金公司持股和散户持股不同，它们选择投资标的相对较为严格，买入股票后，也不会轻易卖出。不过，若在某一时间段内机构或基金持股出现大幅减少的情况，或之前的十大股东退出十大股东行列，投资者需要分析其背后的原因。

下面来看一下老板电器的机构持仓情况，如图 7-22 所示。

i问董秘　老板电器 002508

最新动态　公司资料　股东研究　经营分析　股本结构　资本运作　盈利预测
新闻公告　概念题材　主力持仓　财务概况　分红融资　公司大事　行业对比

股东人数　十大流通股东　十大股东　控股层级关系

香港中央结算有限公司	8442.19万	↓-1680.49万	8.90% 输入问句，你想知道的都在这里		流通A股	点击查看
沈国英	1224.00万	不变	1.29%	不变	流通A股	点击查看
法国巴黎银行-自有资金	1095.55万	↓-26.25万	1.15%	↓-2.34%	流通A股	点击查看
杭州金创投资有限公司	945.20万	不变	1.00%	不变	流通A股	点击查看
全国社保基金四零六组合	941.51万	↑194.03万	0.99%	↑25.96%	流通A股	点击查看
招商银行股份有限公司-富国低碳环保混合型证券投资基金	878.17万	↓-533.06万	0.93%	↓-37.77%	流通A股	点击查看
中国人寿保险股份有限公司-分红-个人分红-005L-FH002深	847.64万	新进	0.89%	新进	流通A股	点击查看
深圳果实资本管理有限公司-果实资本-老板电器代理商持股2期结构化私募投资基金	831.12万	新进	0.88%	新进	流通A股	点击查看
杭州银创投资有限公司	702.00万	不变	0.74%	不变	流通A股	点击查看
较上个报告期退出前十大股东有						
普信投资公司-客户资金	1156.63万股	退出	1.22			
中国工商银行-汇添富成长焦点混合型证券投资基金	717.73万股	退出	0.76			

图 7–22　老板电器（002508）机构持仓情况

从图 7-22 可以看出，2018 年第一季度，老板电器先前的十大股东中有两个机构或基金退出。当然，机构或基金退出十大股东，并不一定意味着这些机构出现了减持行为，也有可能是其他机构加仓，将这些机构或基金挤出十大股东。不过从图中可以看出，这并不属于其他机构加仓引发的股东排名变化，而是单纯的位列前十的股东自主减持导致的排名变化。此时投资者需要关注该股基本面、技术面的变化，找到这些机构或基金减持的原因。

下面再来看一下老板电器的财务数据情况，如图 7-23 所示。

科目\年度	2017	2016	2015	2014	2013	2012
基本每股收益(元)	1.5400	1.6700	1.7300	1.8000	1.5100	1.0500
净利润(元)	14.61亿	12.07亿	8.30亿	5.74亿	3.86亿	2.68亿
净利润同比增长率	21.08%	45.32%	44.58%	48.95%	43.87%	43.34%
扣非净利润(元)	14.06亿	11.47亿	8.17亿	5.57亿	3.83亿	2.60亿
扣非净利润同比增长率	22.61%	40.33%	46.70%	45.67%	47.33%	44.05%
营业总收入(元)	70.17亿	57.95亿	45.43亿	35.89亿	26.54亿	19.63亿
营业总收入同比增长率	21.10%	27.56%	26.58%	35.24%	35.21%	27.96%
每股净资产(元)	5.54	5.66	6.52	7.76	7.95	6.75
净资产收益率	31.66%	33.38%	29.10%	25.55%	20.57%	16.65%
净资产收益率-摊薄	27.78%	29.23%	26.20%	23.14%	18.94%	15.52%
资产负债比率	33.67%	35.70%	37.01%	31.56%	27.15%	25.36%

图 7-23　老板电器（002508）财务数据情况

从图 7-23 可以看出，近几年来，老板电器的净资产收益率一直保持较高水平。不过，从 2017 年与往年的净利润对比来看，该公司的净利润增幅有所放缓。同时，市场上也存在厨房电器增速减缓的声音。

再来看一下该股的日 K 线走势图，如图 7-24 所示。

从图 7-24 可以看出，经过之前的震荡上升后，2018 年年初，老板电器的股价出现筑顶迹象，这在很大程度上反映市场对该股上一年度业绩存有疑虑。当然，市场上永远不乏先知先觉者，当该股的利润增幅不及市场预期时，一些机构或基金就会抢在年报出台前卖出股票。自 2 月 6 日开始，该股启动一波下跌走势。当然，此次股价下跌也与市场对限售股解禁的担忧有关。

二、分红

分红，是股份公司在盈利中每年按股票份额的一定比例支付给投资者的红利，是上市公司对股东最直接的投资回报。对于短线交易者来说，分红可

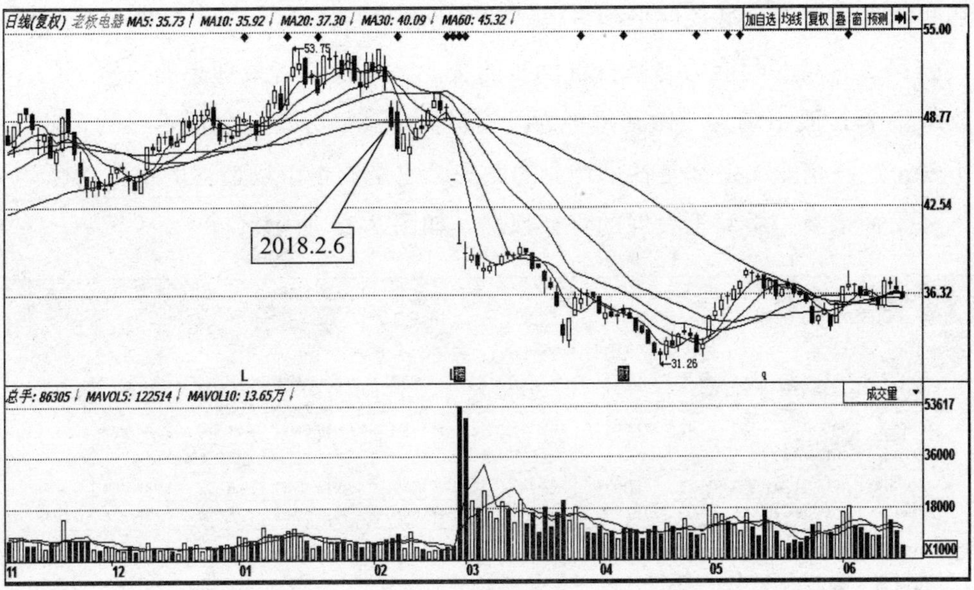

图 7-24　老板电器（002508）日 K 线走势图

有可无，毕竟他们交易的目的是赚取股票差价。但对长线持股的投资者或机构投资者来说，分红是必不可少的。分红体现企业愿意与投资者分享企业经营成果的意愿，不过并不是说分红越多越好。

1. 高分红企业

正常情况下，企业的经营效益较佳时，往往会为投资者提供较为丰厚的红利。这些红利一方面反映企业对投资者的尊重，另一方面也反映企业的现金流较为充裕。不过，并不是所有的高分红企业都是值得投资的。

面对高分红企业，投资者需要注意这样 3 个问题。

第一，分红会削弱企业再投资的能力。巴菲特有个著名的“一美元法则”，即企业留存的每 1 美元利润能否创造至少 1 美元的市值，如果可以，就应当留存。也就是说，如果企业有更好的投资项目，能保证将上期的利润投资后获得更多的价值，那么企业就应该减少分红甚至不分红。反之，一个企业将过多的利润用于分红，将会削弱企业的发展能力。也就是说，投资者要寻找那些能将分红与自身发展平衡得很好的企业。

第二，高获利能力与高分红同步的企业，是投资者最理想的投资标的。放眼整个 A 股市场，能做到每年为投资者提供高额分红且发展迅猛的企业并不多，这些企业往往都是各个行业的龙头，也是资本市场追逐的主要目标。

下面来看一下双汇发展的分红数据，如图 7-25 所示。

i问董秘 双汇发展 000895

最新动态 公司资料 股东研究 经营分析 股本结构 资本运作 盈利预测
新闻公告 概念题材 主力持仓 财务概况 分红融资 公司大事 行业对比

分红情况 机构获配明细 增发概况 配股概况

报告期	董事会日期	股东大会预案公告日期	实施日期	分红方案说明	A股股权登记日	A股除权除息日	[illegible]	股利支付率	分红率
2017年报	2018-03-27	2018-04-17	2018-04-20	10派11元(含税)	2018-04-26	2018-04-27	实施方案	84.03%	--
2017中报	2017-08-15	--	--	不分配不转增	--	--	董事会预案	--	--
2016年报	2017-03-23	2017-04-28	2017-05-04	10派12元(含税)	2017-05-10	2017-05-11	实施方案	89.88%	5.57%
2016中报	2016-08-17	2016-09-03	2016-09-20	10派9元(含税)	2016-09-23	2016-09-26	实施方案	138.03%	3.72%
2015年报	2016-03-30	2016-04-20	2016-04-22	10派12.5元(含税)	2016-04-27	2016-04-28	实施方案	96.92%	5.8%
2015中报	2015-08-13	--	--	不分配不转增	--	--	董事会预案	--	--
2014年报	2015-03-26	2015-04-18	2015-05-13	10转5股派14.2元(含税)	2015-05-19	2015-05-20	实施方案	77.35%	3.65%
2014中报	2014-08-12	--	--	不分配不转增	--	--	董事会预案	--	--
2013年报	2014-02-25	2014-03-18	2014-04-17	10派14.5元(含税)	2014-04-23	2014-04-24	实施方案	82.7%	3.68%

图 7–25 双汇发展（000895）历年分红数据

从图 7-25 可以看出，在最近几年中，双汇发展每年都拿出大量利润给投资者分红。这一方面说明企业经营发展状况良好，另一方面也说明企业愿意与投资者共享企业发展成果。在市场上，这类企业的股票往往会有不错的表现，如图 7-26 所示。

从图 7-26 可以发现，2015 年 8 月底至 2018 年 5 月底，双汇发展的股价翻了将近 3 倍。

第三，盈利与分红背离，即企业盈利并不理想，甚至还需要再向市场融资，却将大部分利润用于分红，这是一种非常特殊的情况。在 A 股市场，曾经出现若干次企业盈利有限，却进行大比例分红的情况。仔细审视这些企业，就会发现一个共同特征，即大股东掌握相当多的股权，分红的款项大部分被大股东收入自家腰包。至于以后企业是否需要再度融资或者企业经营好坏，大股东并不关心。这种高分红是一种以伤害企业利益而肥大股东的行为，说明企业的控股股东缺乏必要的诚信，投资者宜远离这样的企业。

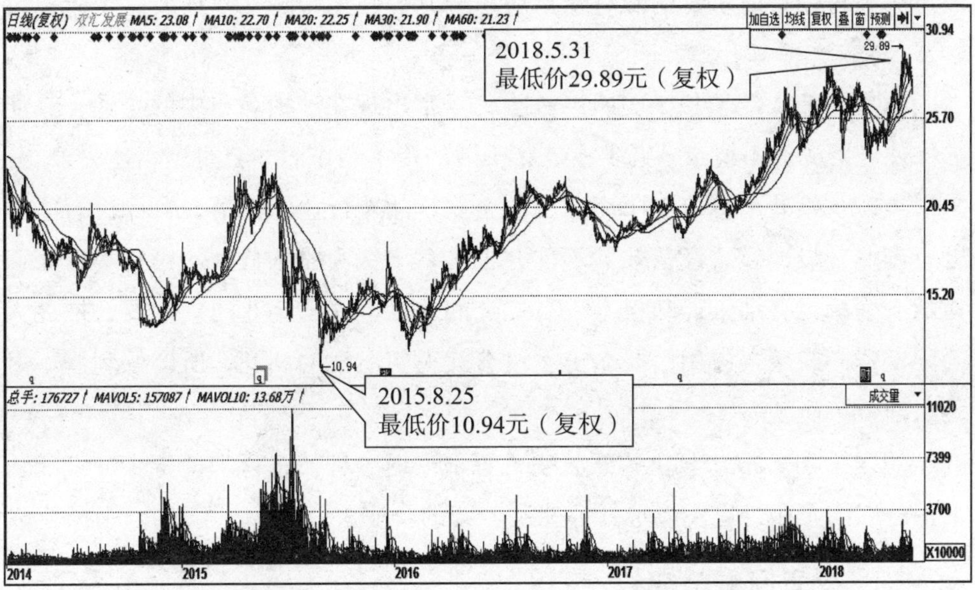

图 7-26　双汇发展（000895）日 K 线走势图

2. 低分红企业

当企业经营效益不佳或需要将利润留存进行再投资时，一些上市公司会选择不分红或低分红。对长期持股的投资者而言，一家企业不分红或很少分红，相当于很难见到现实的投资回报（股票市值在没有兑现前，只是一个数字）。不过，低分红的企业也不见得就没有投资价值。

第一，低分红高发展的企业。这类企业在国内 A 股市场上很难见到，国外市场倒是屡见不鲜。当一家企业有更好的投资项目时，企业出于降低融资成本的考虑，应优先考虑动用留存利润进行再投资。也就是说，这些企业确信动用企业 1 美元的利润，能为股东创造远远大于 1 美元的市值或收益。例如巴菲特旗下的伯克希尔•哈撒韦公司，其每股股票价值数十万美元，却从来不进行分红。

第二，低分红低发展，甚至不发展的企业。在A股市场上，存在一些自上市以来从来不分红的企业。它们不是之前介绍的那些留存利润来为股东创造更多价值，而是真的没有钱给股东分红，甚至每隔几年还要从市场上再融资。

这些企业大致包括3类：第一类，经常出现在亏损名单中的企业，其能够保住壳资源而不退市，更多地是靠所谓的资本运作而非自身经营能力改善。第二类，一些处于传统夕阳产业中的企业，随着行业的没落，自身没有能力进行产业升级，导致经营效益不佳，很难拿出钱为股东分红。第三类，账面显示有利润，有结余，却根本没有现金的企业。这类企业的资金要么被庞大的固定资产或库存占用，要么根本没有获得实质性的利润，所谓的利润不过是账面数字而已。

总之，在A股市场上，投资者选择股票时，即使选择那些很少分红或从来不分红的企业，也不能选择那些乱分红的企业。

三、公司回购与期权

股票回购是指上市公司利用现金等方式，从股票市场上购回本公司发行的一定数额股票的行为。通常情况下，公司从市场上回购企业股票后，因市场上流通的股票数量减少，股价上升的概率会增加。

公司回购股票的目的通常包括以下两种。

第一，回购股票后，直接将其注销，以提振股价，使投资者获利。这种做法对普通投资者非常有利，尽管企业回购股票的钱来自原股东。通常情况下，企业会用留存利润或融资回购企业股票，无论选择何种方式，都会影响企业当前或未来的流动资金。不过，若对企业正常经营没有任何负面影响的话，对靠差价获利的投资者而言，这无疑是较大的利好。当然，有时公司回购股票也有稳定股价的目的。例如，伊利股份曾多次回购并注销股份，以维护企业的股价，如图7-27所示。

从图7-27可以看出，2015年11月和2017年11月，伊利股份曾两度回购并注销股份。下面再来看一下公司宣布回购并注销股份时该股股价走势，

伊利股份 600887
最新动态 公司资料 股东研究 经营分析 股本结构 资本运作 盈利预测
新闻公告 概念题材 主力持仓 财务概况 分红融资 公司大事 行业对比
解禁时间表 总股本构成 A股结构图 历次股本变动

变动日期	变动原因	变动后A股总股本(股)	变动后流通A股(股)	变动后限售A股(股)
2017-11-16	注销回购股份	60.78亿	60.33亿	4512.34万
2017-06-30	定期报告	60.79亿	60.33亿	4563.09万
2017-02-21	股权激励	60.79亿	60.33亿	4563.09万
2016-01-11	配售股份上市	60.65亿	60.33亿	3143.09万
2015-11-05	注销回购股份	60.65亿	59.52亿	1.13亿
2015-05-29	公积金转增股本	61.29亿	60.16亿	1.13亿

图 7-27　伊利股份（600887）股本结构变动数据

如图 7-28 所示。

从图 7-28 可以看出，伊利股份宣布回购并注销股份当日，股价出现不同程度的上升。回购并注销股份，这是企业管理层稳定投资者信心的一种方式，不过这种方式不能从根本上改变企业的经营情况，对长线持股的投资者来说，其带来的影响十分有限。

第二，回购股票后，直接用于对管理层的激励，即通过动用企业资金

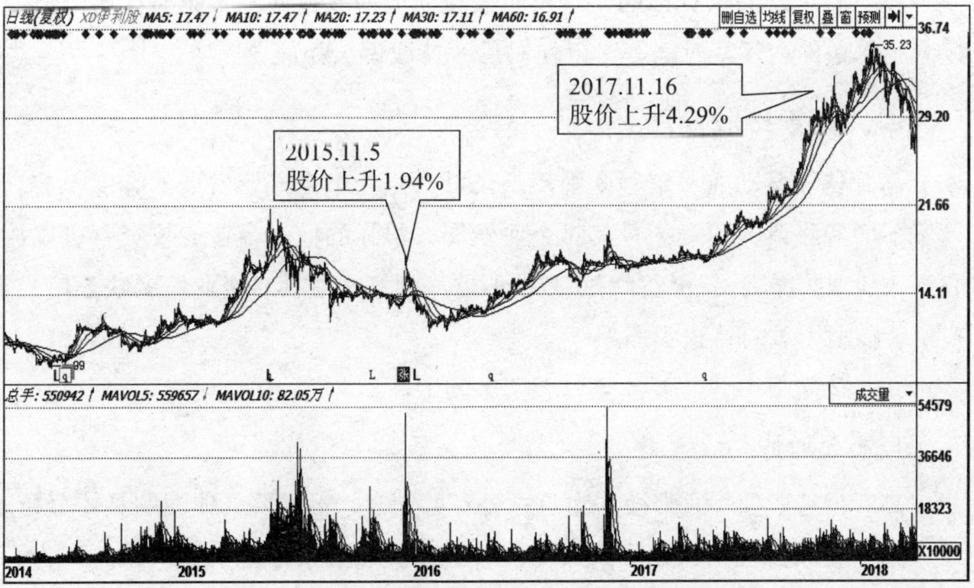

图 7-28　伊利股份（600887）日 K 线走势图

从市场回购股票，向管理层提供股权激励。关于回购股票激励管理层，投资者需要分 3 个层面来考虑这个问题：其一，回购股票资金源于企业，其实就是投资者的钱；其二，回购股票会减少股票流通数量，拉动股价上升，短期内对投资者有好处，对管理层未来行权也大有好处；其三，为管理层提供股权激励，是为了将管理层个人利益与公司利益绑定，以激励其更好地为公司服务。

对管理层实施股权激励，尽管会让企业损失一部分现金，但从长远来看是有利的，毕竟管理层对企业的经营成果具有重大影响。但是，在执行股权激励过程中，有很多企业将其变成为管理层免费送温暖，这就违背了股权激励的精神实质。

通常情况下，用于股权激励的股票都有一定的限售期和限售条件，如净利润指标达到某一标准或企业营业收入达到某一标准等。只有在某一时间段达到这些条件，管理层才能抛售自己持有的股票。然而有的企业规定的限售条件过于宽松，这就等于变相给管理层赠送资产。

投资者中意的投资标的，若发布股权回购和股权激励方案时，要分析股权激励的条件和解禁时间等，以便对后续持股做出相应调整。

四、高管持股变动

高管持股变动在一定程度上反映了其对企业未来经营发展的态度。若高管不断增持股票，则意味着其对企业发展有很强的信心，普通投资者可以放心买入股票。反之，若高管不断减持股票，则意味着其对企业发展缺乏信心，投资者需要慎重对待这类股票。

在具体实战中，需要注意以下两个问题。

1. 高管增持

高管增持股票，通常被认为是一种利好消息，不过要具体问题具体分析。

第一，象征性增持，形式大于内容。当企业股票出现大幅下跌时，为了稳定股价，很多企业高管被动增持股票。这时投资者需要重点关注高管增持的股票数量，以及未来的减持动向。如果企业高管增持的股票数量十分有限

（有些公司高管只是象征性地增持几百股），投资者可反向解读高管的增持行为，即这些高管不看好企业的发展前景。

第二，低价增持，高价减持。如果企业高管在股价暴跌时增持股票，股价上升一定幅度后立即减持，其实这是一种变相炒股，根本谈不上对企业未来充满信心。

第三，连续增持，很少减持或从不减持。若企业高管（最高管理者更佳）在上市公司任职时间较长，且在任职期间一直增持自家企业的股票，很少减持或从不减持，则说明高管对企业发展非常有信心，对自己的经营管理非常有信心。这类企业的股价出现下跌时，企业高管会好不犹豫地增持，这类企业的股票往往可以成为投资者理想的投资标的。例如，中国平安的马明哲曾多次增持公司股份并很少减持，董明珠也曾多次增持格力电器的股份且很少减持，这从侧面反映了这些企业的高层管理者对企业发展充满信心。

2. 高管减持

高管减持股票，通常被认为是一种利空消息，不过要具体问题具体分析。

第一，高管的持股来源。高管持有的企业股票大多来自两个途径：其一，股票首发上市的原始股；其二，上市公司向高管提供的股权激励。股票来源不同，其减持带来的影响也不同。

第二，公司高管手中的股票若是通过股权激励获得，且在解锁期到来时立即减持，投资者最应关注这种情况。这意味着企业高管对企业发展前景非常悲观，根本不认为企业股价还会上扬，投资者应远离这类股票。

第三，若公司高管同时是企业的创始团队成员，且握有大量原始股份，对其减持行为则需要区别对待。首先，若公司大量股份都掌握在高管或创始人手中，必然存在股票流动性不足的问题，机构或其他资金不愿意交易这类股票，因此其股价上涨空间有限。公司高管通过适当减少持股，可以增强股票的流动性。其次，公司高管适度减持股票（减持股票占自己持股的比重很低），且没有连续减持，则不应将其看成对企业发展缺乏信心的表现。其三，若公司高管在股票解禁期结束后连续大幅减持股票，则可认定其对企业发展缺乏信心，投资者不宜加仓这类股票。

五、股东数量与主力控盘

一只股票的股东数量越多，说明筹码越分散，股价上升的概率相应较低。反之，一只股票的股东数量很少，说明筹码主要控制在少数主力手中，主力拉升股价相对比较容易，股价上升的概率明显增加。与股东数量指标相对的是主力控盘程度指标，几家主力掌握的筹码越多，股价相对就会越容易上升。

在研判股东数量与主力控盘程度指标时，投资者要注意以下 3 点。

第一，重视股东数量的整体趋势变化。通常情况下，每个季度上市公司都会公布最新的股东数据。单次股东数量变化并不能说明筹码呈现集中或发散趋势，但若股东数量整体上显现某种变化，则可认定筹码出现明显的集中或分散。

下面来看一下长春高新的股东数量情况，如图 7-29 所示。

指标/日期	2018-05-31	2018-05-15	2018-04-30	2018-04-15	2018-03-31	2018-03-15
股东总数	14974	15044	14289	14844	15850	16423
较上期变化	-0.47%	+5.28%	-3.74%	-6.35%	-3.49%	-2.12%

提示：股票价格通常与股东人数成反比，股东人数越少，则代表筹码越集中，股价越有可能上涨

图 7–29　长春高新（000661）股东数量变化情况

从图 7-29 可以看出，2018 年上半年，长春高新的股东数量整体上呈现减少趋势，说明不断有机构在吃进该股股票。未来一段时间内，该股股价存在继续走高的可能。

第二，股东数量与股价涨跌。观察股价走势与股东数量的变化，可以发现主力操作股票的一些蛛丝马迹。当股价处于底部盘整期间时，股东数量呈现出不断减少的趋势，说明主力正在偷偷吸筹建仓。当股价开始拉升时，股东数量可能存在分化的情况：有些股票的股东数量会大幅增加，说明在股价上升过程中，有主力或大股东开始减持股票；有些股票的股东数量会逐渐减少，说明主力在锁仓拉升，此时主力掌握的筹码比重很高（即主力控盘度较高），这样的股票后续涨幅相对较大。当股价进入高位后，通常股东数量会增加，因为主力出货会吸引相当多的散户入场接盘，从而导致股东数量增加。

下面来看一下涪陵榨菜的日 K 线走势图，如图 7-30 所示。

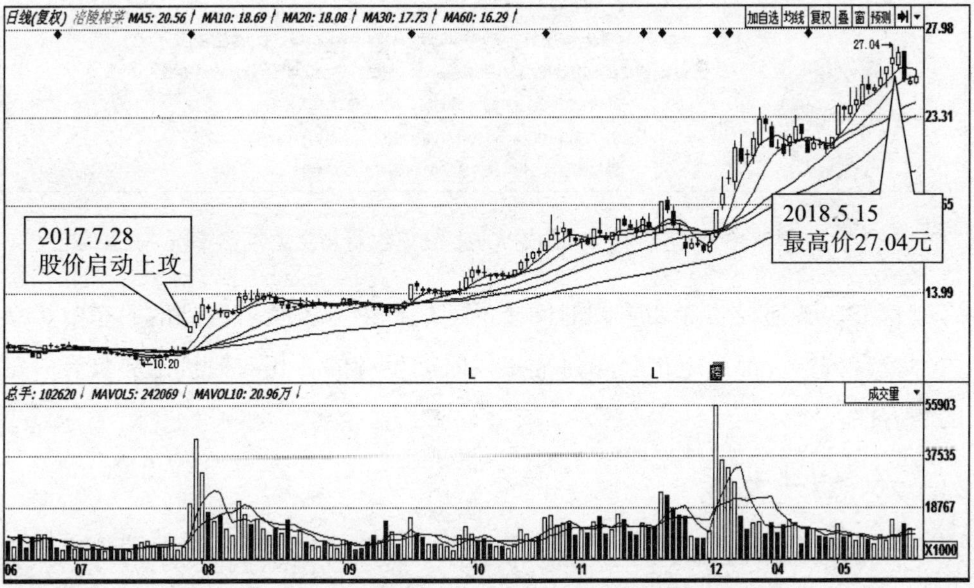

图 7-30　涪陵榨菜（002507）日 K 线走势图

如图 7-30 所示，2017 年 7 月下旬，涪陵榨菜的股价启动一波上升走势。在不到一年的时间里，该股股价翻了将近两倍。

再来看一下该股的股东数量与主力控盘变化情况，如图 7-31 所示。

从图 7-31 可以看出，自 2017 年开始，涪陵榨菜的股东数量一直在增加，且增加幅度很大，说明有主力在持续减持手中的股票。不过，观察该股 2018 年 3 月底的主力控盘数据可知，该股主力控盘程度仍然很高，且基金和机构持有的股票占比也较大，这就保证了该股之前的上升势头。不过，鉴于有主力正在不断地减持股票，未来股价走势存在一定的不确定性，投资者应谨慎为宜。

问董秘 涪陵榨菜 002507

最新动态 公司资料 股东研究 经营分析 股本结构 资本运作 盈利预测
新闻公告 概念题材 主力持仓 财务概况 分红融资 公司大事 行业对比

公司概要 近期重要事件 新闻公告 财务指标 主力控盘 题材要点 龙虎榜 大宗交易 融资融券 投资者互动

主力控盘

输入问句，你想知道的都在这里 [基金增持前10的个股]

指标/日期	2018-03-31	2018-02-28	2017-12-31	2017-09-30	2017-06-30	2017-03-31
股东总数	27349	27117	27111	17006	16725	14748
较上期变化	+0.86%	+0.02%	+59.42%	+1.68%	+13.41%	+2.05%

提示：股票价格通常与股东人数成反比，股东人数越少，则代表筹码越集中，股价越有可能上涨

流通盘占比

截止2018-03-31，前十大流通股东持有**4.72亿**股，占流通盘**61.23%**，主力控盘度较高。

截止 2018一季度合计51家机构持仓，持仓量合计1.95亿股，占流通盘合计25.36% 明细 >

47 家基金，持仓量1.08亿股，占流通盘14.03% 明细 >

3 家其他机构，持仓量7725.71万股，占流通盘10.02% 明细 >

1 家保险公司，持仓量1000.00万股，占流通盘1.30% 明细 >

股东研究

图 7-31　涪陵榨菜（002507）股东数量与主力控盘情况

第三，普通投资者要重视时间差的问题，因为投资者看到的股东数量和主力控盘数据，都是上市公司每隔一段时间发布的，相对股价走势具有一定的滞后性。

六、盘子大小

股票盘子大小即股票流通盘的数量大小，与流通盘相对的是股票市值。相对而言，流通盘小、流通市值低的股票，更容易受到资金青睐，因为这类股票操作起来比较容易。不过，随着进入股市的资金越来越多，资金对股票质地的要求越来越高，而对流通盘大小、流通市值大小的关注越来越小。也就是说，投资者选择小盘股的前提是已选好要操作的题材板块，备选的股票质地优良，在无法确定最终选项时，小盘股才是备选项。

根据股票盘子大小选择股票时，需要注意以下 3 点。

第一，股票盘子大小是一个相对概念，而非绝对概念。只有投资者确认备选股票后，需要从中选择最终的投资标的时，才重点考虑股票盘子的问题。

第二，通常情况下，高股价高市值股票的走势相对稳定。若一只股票的盘子较大且股价较高，那么小资金很难撬动这类股票，这是基金和机构重点跟踪的对象。只要这类股票本身质地优良，就会有相当多的基金或机构持仓。

大家知道，基金或机构持仓和散户持仓不同，它们通常不做短线或超短线交易，而是更倾向于长线持股，这就使得这类股票走势相对平稳。其实，大部分绩优成长股都属于高股价高市值品种，如图 7-32 所示。

涨幅排名 | 陆股通排名 | 资金流向 | 主力增仓 | 财务数据

		代码	名称	涨幅%	现价	涨跌	卖价	净利润?	市净率	总市值	流通市值	所属行业	昨收
1	𝄩	600519	XD贵州茅	-0.23	773.33	-1.80	773.40	85.07亿①	9.72	9715亿	9715亿	饮料制造	775.13
2	𝄩	000661	长春高新	-2.14	209.88	-4.60	209.88	2.10亿①	7.94	357.0亿	356.8亿	生物制品	214.48
3	𝄩	002304	洋河股份	-0.14	143.00	-0.20	143.00	48.85亿㊙	6.54	2155亿	1776亿	饮料制造	143.20
4		603833	欧派家居	-0.98	142.00	-1.40	142.01	7356万①	9.46	597.2亿	127.1亿	家用轻工	143.40
5		603444	吉比特	-1.60	138.77	-2.26	138.70	1.54亿①	4.03	99.75亿	57.24亿	传媒	141.03
6		300613	富瀚微	-1.38	138.30	-1.94	138.33	1523万①	6.52	62.67亿	17.90亿	半导体及元件	140.24
7		300618	寒锐钴业	-2.38	124.64	-3.04	124.65	2.55亿①	19.70	239.3亿	142.1亿	有色冶炼加工	127.68
8		300454	深信服	+0.01	123.65	+0.01	123.65	1.45亿㊙	17.42	494.6亿	49.47亿	计算机应用	123.64
9		300676	华大基因	-4.73	115.35	-5.73	115.37	1.01亿①	10.94	461.5亿	46.26亿	医疗器械服务	121.08
10		300661	圣邦股份	-0.59	114.87	-0.68	114.88	1749万①	8.96	69.94亿	37.19亿	半导体及元件	115.55
11		300616	尚品宅配	+0.17	114.60	+0.19	114.60	-3298万①	8.79	227.7亿	76.73亿	家用轻工	114.41
12		603180	金牌厨柜	+0.33	113.69	+0.37	113.70	1859万①	8.77	76.74亿	20.94亿	家用轻工	113.32
13	𝄩	600436	片仔癀	-3.27	105.77	-3.58	105.80	3.26亿①	14.38	638.1亿	638.1亿	中药	109.35
14	𝄩	000538	云南白药	-0.70	105.50	-0.74	105.50	8.06亿①	5.83	1099亿	1099亿	中药	106.24
15		603986	兆易创新	+0.91	104.87	+0.95	104.89	8933万①	17.39	297.6亿	216.3亿	半导体及元件	103.92

图 7–32　A 股市场股价排名（2018.6.15）

如图 7-32 所示，图中被圈中的股票都是上市不久的新股。也就是说，股价排名前 15 位的股票中，除了 10 只新股外，其他的 5 只股票都属于老牌绩优成长股。这些股票的市值都比较高，也就是说，绩优股往往具有高股价、高市值的特征。换句话说，在选择股票时，投资者不能因为股价过高或盘子过大而放弃绩优股。

第三，低股价低市值股票，在超跌反弹行情或大行情初升段往往具有较佳的表现。股价经过较长时间的下跌后，市场上弥漫着恐慌的氛围，很多散户不愿意入场。这时一些游资或先知先觉资金就会介入一些股票，然后将其快速拉升，待散户感觉股价或大势企稳反弹时，这些股票的股价往往已有较大涨幅。通常情况下，在弱市转强的过程中，市场资金更偏向于选择那些质地较为优良且股价相对较低（如 10~20 元的价位）的品种。

下面来看一下海康威视的案例，如图 7-33 所示。

2016 年下半年，海康威视的股价处于横向盘整状态，一直在 15 元左右的位置徘徊。到了 2016 年年底，该股股价突然出现一波下跌走势，给人一种股价即将大幅下跌的感觉。随后股价却被快速拉升，并迅速走高。该股股价上扬，固然有股票本身质地较佳的原因，但其 15 元左右的价位也是非常符合主力操作要求的。

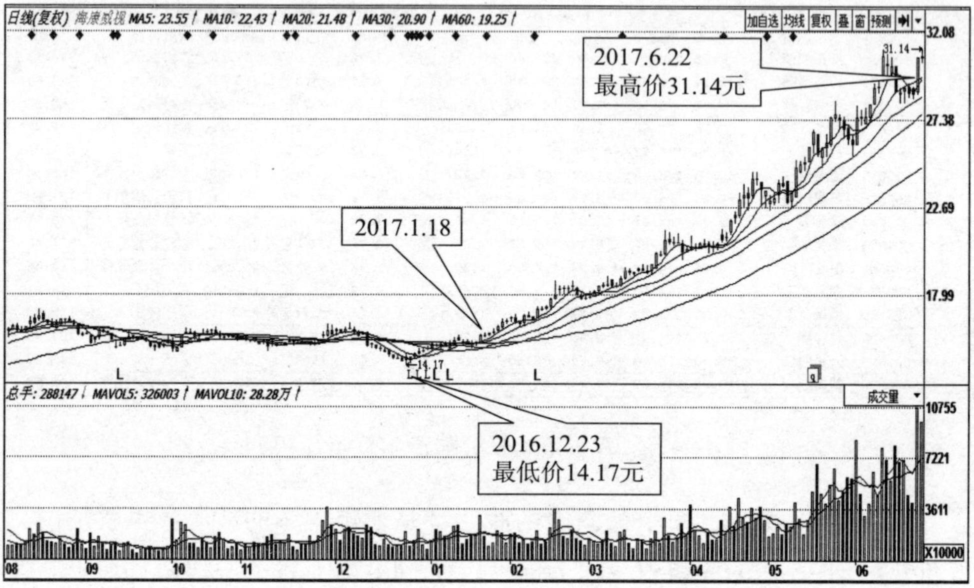

图 7–33　海康威视（002415）日 K 线走势图

换句话说，当大盘处于下跌或盘整行情时，投资者需要密切跟踪这类价格在 15 元左右的绩优股。一旦大盘企稳上扬，这些个股翻倍甚至翻几倍的可能都有。

图 7-33 还告诉投资者这样一个事实：股市如战场，你所学的那些炒股技术与方法如同兵法，对于这些技术与方法，主力可能比你更熟悉，更善于利用。

在图 7-33 中，主力的真实意图明明是想向上拉升股价，却在拉升股价前反向打压股价。投资者若按照基本的技术分析操作，可能需要执行卖出操作，此时主力却出其不意地快速向上拉升股票。你之前执行了卖出操作，此时按照技术分析应该买入，但由于之前出现错误判断，此时你可能会对买入操作产生怀疑。就在你犹豫不决时，主力趁机将股价向上拉升了好多。

回头看股价K线技术形态，就会发现此时的股价K线技术形态确实满足买入条件。也就是说，股市技术分析方法对其仍然有效，这时投资者只能感叹“不识庐山真面目，只缘身在此山中”了。这也说明一个事实：对于技术分析方法，使用者不能机械地套用，而要活学活用。

投资理财类书目

书名	作者	定价（元）
成长股操盘技术入门与实战精解	股震子	35.00
从零开始学炒股：背驰操盘术	黄凤祁	48.00
从零开始学炒股：MACD操盘术	黄凤祁	48.00
外汇交易精解	刑孝寒	58.00
选出大牛股——波浪理论实战技巧	戈　岩	48.00
四大经典技术指标必胜术	戈　岩	48.00
一把直尺闯天下——股票操作中的画线方法与应用技巧	戈　岩	48.00
精准把握买卖点	戈　岩	48.00
成交量核心技术	金　铁	45.00
主力行为分析核心技术	金　铁	45.00
金属期货	付上金	58.00
《玩转大非农——黄金、外汇、原油非农行情实战技法》	刘堂鑫	49.00
波段交易技术入门与技巧	黄金磊	38.00
涨停板交易技术入门与技巧	郭晓静	38.00
财务指标解析与实战	曹明成　谭　文	29.80
RSI指标入门与实战精解	刘振清	35.00
股价结构：波浪与形态	华　强	35.00
神秘均线擒牛股——股市南山兵法	周国夫	32.00
从零开始学看盘	付　刚	58.00
盘口分时图核心技术	金　铁	45.00
K线图核心技术	金　铁	45.00
均线核心技术	金　铁	45.00
缠中说禅：教你炒股票：解盘答问篇（上、下）	培　峰	108.00
趋势交易实战——象限四度交易法	张文义	42.00
孝寒点位交易法	邢孝寒	38.00
新股民炒股全攻略	黄　金	58.00
涨停盘口定式	曹明成　谭　文	38.00
短线炒股必杀技	曹明成　谭　文	38.00

续表

书名	作者	定价（元）
成交量分析入门与实战精解	刘振清	35.00
分时图分析入门与实战精解	刘振清	35.00
均线指标入门与实战精解	刘振清	35.00
宝塔线指标入门与实战精解	刘振清	35.00
筹码分布技术入门与实战精解	刘振清	35.00
现货石油交易实战宝典	张耿豪　饶　斌	38.00
股市晴雨表	汪雪鹏	36.00
农产品期货	付上金	58.00
教你炒股票：缠论与K线分析技术	培　峰	48.00
短线炒股全攻略	付　刚	49.00
磁区理论点评升级版	江南小隐	38.00
分时图必杀技	曹明成　谭　文	38.00
龙头股必杀技	曹明成　谭　文	38.00
三步掌握波段买卖	曹明成　谭　文	38.00
黑马捕捉术	曹明成　谭　文	36.00
阴阳K线的奥秘	曹明成　谭　文	38.00
相对波浪理论	唐桂华	42.00
波段操盘秘法	何瑞东	38.00
布林线指标入门与实战精解	刘振清	35.00
MACD指标入门与实战精解	刘振清	35.00
KDJ指标入门与实战精解	刘振清	35.00
一本书读懂互联网投资理财	蔡余杰	38.00
玩转技术指标：九种技术指标精讲	金　铁	45.00
新手炒股快速入门与技巧	刘振清	38.00
银行理财产品全攻略	薄志红	35.00
决战牛熊：股市获利之道	曹明成　谭　文	35.00
短线出击：股市快速获利战术	麻道明	49.00
聚沙成塔：T+0交易绝杀技	江南小隐	35.00
短线实战操盘技巧	伟　晴	42.00

续表

书名	作者	定价（元）
一买就涨：买在底部的101个起涨信号	付　刚	38.00
一卖就赚：卖在顶部的123个卖出信号	刘　平	38.00
短线追涨与低吸技术	金　铁	38.00
实战交易密码之走向盈利	陈志文	45.00
量价关系精要	徐子城	28.00
股票画线技术入门与实战	刘振清	38.00
股价结构：趋势与轨道	华　强	35.00
K线操盘学	麻道明	58.00
如何做股票交易	杰西·利弗莫尔	20.00
从零开始炒股票	徐子城	35.00
江恩理论入门、精通与实战	景生辉	28.00
缠中说禅：教你炒股票	王培峰	48.00
如何看懂技术指标	麻道明	38.00
个股期权投资指南	付上金	32.00
索罗斯32个投机信条	孙恩棣	28.00
巴菲特76条投资准则	孙恩棣	28.00
波浪时空体系	王军凯	32.00
超级牛股操盘术	李　闻	48.00
股价结构：压力与支撑	华　强	35.00
趋势定位	付上金	35.00
量价精研	邢孝寒	32.80
K线阳线战法	麻道明	39.00
K线阴线战法	麻道明	39.00
零起点期货投资一本通	黄　金	28.00
零起点基金投资一本通	黄　金	29.80
零起点股票投资一本通	黄　金	35.00
股市交易特技	时空老人	38.00
如何看懂分时图	江南小隐	28.00